切り取って持ち歩ける
カラーチップ

[カラーチップの作り方]

① キリトリ線(・・・・・)に沿って、切り取る
② パンチで穴をあける
③ カード用リングなどに通して完成！

スプリングタイプ
Spring
TYPE

① ビーチピンク　② メロン　③ コーラルピンク
④ オーロラ　⑤ （バーコードにより隠れる）　⑥ フラミンゴ
⑦ ルミナスコーラル　⑧ スカーレット　⑨ ポピーレッド
⑩ ハニーイエロー　⑪ バナナミルク　⑫ スパークリングオレンジ
⑬ サンフラワー　⑭ ゴールデンイエロー　⑮ プリマヴェーラ
⑯ スプリンググリーン　⑰ バロットグリーン　⑱ アップルグリーン
⑲ アクアマリン　⑳ スプラッシュブルー　㉑ ターコイズブルー
㉒ フェザーグレー　㉓ クロッカス　㉔ パンジー
㉕ トワイライトブルー　㉖ ビスコッティ　㉗ キャメル
㉘ アーモンド　㉙ コーヒーブラウン　㉚ ミルキーホワイト

[裏面の使い方]

ほしいアイテムや持っているアイテムを書いておくと、買い物に便利！

切り取って持ち歩ける
カラーチップ

[カラーチップの作り方]

① キリトリ線（-----）に沿って、切り取る
② パンチで穴をあける
③ カード用リングなどに通して完成！

サマータイプ
Summer
TYPE

① ベビーピンク	② ピンクレディ	③ オペラピンク
④ スイートピー	⑤ オールドローズ	⑥ ストロベリー
⑦ フランボワーゼ	⑧ ペールライラック	⑨ ウィステリアミスト
⑩ ラベンダー	⑪ ラベンダーブルー	⑫ マロー
⑬ オーキッドパープル	⑭ ベビーブルー	⑮ スカイブルー
⑯ ブルーリボン	⑰ ブルーロイヤル	⑱ インディゴ
⑲ ペパーミントグリーン	⑳ ピーコックグリーン	㉑ ターコイズグリーン
㉒ シトラスイエロー	㉓ シャンパン	㉔ ローズブラウン
㉕ ココア	㉖ グレーミスト	㉗ スカイグレー
㉘ ムーンストーン	㉙ ダークブルーシャドウ	㉚ マシュマロ

[裏面の使い方]

ほしいアイテムや持っているアイテムを書いておくと、買い物に便利！

切り取って持ち歩ける
カラーチップ

[カラーチップの作り方]

① キリトリ線(------)に沿って、切り取る
② パンチで穴をあける
③ カード用リングなどに通して完成！

オータムタイプ
Autumn
TYPE

① アプリコット	② サーモンピンク	③ カーディナル
④ カッパーレッド	⑤ アゲット	⑥ スイートコーン
⑦ サフランイエロー	⑧ ゴールド	⑨ パンプキン
⑩ ダスティーオレンジ	⑪ パプリカ	⑫ スパイシーオレンジ
⑬ グリーンマスカット	⑭ ジェイドグリーン	⑮ サバンナ
⑯ オリーブグリーン	⑰ モスグリーン	⑱ ジャングルグリーン
⑲ ナイルブルー	⑳ ティールブルー	㉑ ブルーブラック
㉒ プラム	㉓ クロワッサン	㉔ ブラウンシュガー
㉕ マロン	㉖ カフェモカ	㉗ ビターチョコレート
㉘ モスグレー	㉙ アッシュグレー	㉚ バニラホワイト

[裏面の使い方]

ほしいアイテムや持っているアイテムを書いておくと、買い物に便利！

切り取って持ち歩ける
カラーチップ

[カラーチップの作り方]

① キリトリ線(......)に沿って、切り取る
② パンチで穴をあける
③ カード用リングなどに通して完成！

ウインタータイプ
Winter
TYPE

① パールピンク	② オーキッド	③ カメリアピンク
④ チェリーピンク	⑤ フューシャ	⑥ マグノリア
⑦ インペリアルレッド	⑧ ワインレッド	⑨ グレープワイン
⑩ クリスタルバイオレット	⑪ バイオレット	⑫ ロイヤルパープル
⑬ モーニングミスト	⑭ パシフィックブルー	⑮ ブリリアントブルー
⑯ オリエンタルブルー	⑰ ラピスラズリ	⑱ ミッドナイトブルー
⑲ クリスタルグリーン	⑳ マラカイト	㉑ ビリヤードグリーン
㉒ ブリティッシュグリーン	㉓ ムーンライト	㉔ カナリーイエロー
㉕ クリスタルベージュ	㉖ バーガンディ	㉗ シルバーグレー
㉘ チャコールグレー	㉙ ミステリアスブラック	㉚ スノーホワイト

[裏面の使い方]

ほしいアイテムや持っているアイテムを書いておくと、買い物に便利！

カラー診断シート
Spring
スプリングタイプ

カラー診断シート
Summer
サマータイプ

カラー診断シート
Autumn
オータムタイプ

カラー診断シート
Winter
ウインタータイプ

（骨格診断）✕（パーソナルカラー）
本当に似合う服に出会える魔法のルール

一般社団法人　骨格診断
ファッションアナリスト認定協会
代表理事
二神弓子

西東社

はじめに

　私が「骨格診断」と「パーソナルカラー診断」の理論に出合ったのは、20年ほど前。診断を受け、私がすすめられた服は、自分では絶対に選ばないタイプのものでした。この理論でいうと、私は「ウェーブ×サマー」タイプです。そして、似合うといわれたのは、ミニスカートのツイードのツーピース。色はうすい水色。これらは絶対に似合わないと思っていましたし、むしろ嫌いなタイプでした。私は長身で大人びていて、気が強く、かわいいタイプとはほど遠い雰囲気でしたので、自分を含め周囲のだれもが、スカートよりもストレートパンツ、スーツならテーラード、色はモノトーンや茶系…、そういうものが似合うと思っていたのです。しかし、試しにすすめられた服を着てみたら…、鏡に映った自分にとても驚きました。似合わないと思い込んでいたファッションが、自然体に見えたのです。周囲の人にも「雰囲気が変わったね、すごく素敵になった！」とほめられました。このとき、それまでのファッションは肩に力が入っていて、垢抜けていなかったことに気づきました。私は自分に似合うタイプをまったく知らなかったのでした。

　イメージコンサルタントの仕事を通して、お客様の声を聞き続ける中で、興味深いことがあります。多くの人が「自分と反対のタイプ」に憧れる傾向があるのです。憧れている女優さんも、その人とは違うタイプ。その結果、着たい服も髪型も自分とは違うタイプになっていることが多いのです。

　「骨格診断」と「パーソナルカラー診断」の理論は、「似合うファッション」を教えてくれるメソッドではなく、「自分の美しさを外に表現できるファッション」を教えてくれるものです。自分という素材を引き立て素敵に表現してくれる色とデザインを知ることは、自分自身を知ることにつながります。みなさんがこのメソッドを通して、自分の魅力に気づき、美しさを発揮する喜びを知り、そして、人生がより素敵なものになればうれしく思います。

二神弓子

すてきな服なのに、着ると**なぜかダサく見える**

買っても着ていない服がけっこうある

「自分に似合う服がわからない…」

着太りする

いつも**同じような服ばかり**着ている

そもそも**似合っているのか似合っていないのか**さえわからない

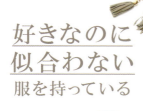

好きなのに
似合わない
服を持っている

服を買うのに
時間が
かかる

自分には
ファッション
センスがない
と思う

そんなあなたに、似合う服の
魔法のルールを教えます

色に迷ったら、
とりあえず黒を
着ている

服はたくさん
持っているのに、
毎朝、コーデが
決まらない

体型に
コンプレックス
がある

\ そもそも「似合う」って何？ /
似合う服の3つの条件

> スタイル美人に見えるカギ！

1 【 デザイン 】

服の形と柄、サイズ感は、生まれ持った体のラインの特徴で似合うかどうかが決まります。

> 女性らしく魅力的に見えるカギ！

2 【 素材 】

生まれ持った体の質感に、似合う素材があります。素材はその人の魅力を引き出します。

3 【 色 】

服の色は、生まれ持った肌の色に合うものを選ぶこと。見た目の印象が大きく変わります。

> 明るく好印象に見えるカギ！

似合うデザイン・素材・色がわかれば、だれでもおしゃれが叶います！

＼ ファッションセンスは必要なし！ ／
「似合う」がわかる魔法のルール

【デザイン・素材】

─── ルール ❶ ───
「骨格診断」でわかる！

生まれ持った骨や肉のつき方、肌の質感に似合うデザイン、素材を知ることができます。

▶ Part 1（P.11〜）

【色】

─── ルール ❷ ───
「パーソナルカラー診断」でわかる！

生まれ持った肌の色から、その人の肌や髪、瞳に調和する、似合う色を知ることができます。

▶ Part 2（P.51〜）

この2つのルールで！

本当に似合う＆使える服を知る！

→ 似合う服で作る24コーデを知る！

▶ Part 3（P.73〜）

- ムダな服を買わなくなる！
- 少ない服でもおしゃれになれる！
- 毎朝服を選ぶのがラクになる！
- 自信が持てて、おしゃれがぐんと楽しくなる！

CONTENTS

はじめに ………… 2
「自分に似合う服がわからない…」………… 4
似合う服の3つの条件 ………… 6
「似合う」がわかる魔法のルール ………… 7

Part 1　骨格診断で似合うデザイン・素材がわかる！

セルフチェック

骨格診断とは？ ………… 12
骨格診断 ………… 14
　　Straight ［ストレートタイプ］ ………… 18
　　Wave ［ウェーブタイプ］ ………… 24
　　Natural ［ナチュラルタイプ］ ………… 30

シャツ&デニムで比較！

【骨格タイプ別ファッション】ありがちなNGを解消！ ………… 36

骨格別アイテムリスト ………… 44

COLUMN　骨格診断で迷ったときは…？ ………… 50

Part 2　パーソナルカラー診断で似合う色がわかる！

セルフチェック

パーソナルカラー診断とは？ ………… 52
パーソナルカラー診断 ………… 54
　　Spring ［スプリングタイプ］ ………… 56
　　Summer ［サマータイプ］ ………… 60
　　Autumn ［オータムタイプ］ ………… 64
　　Winter ［ウインタータイプ］ ………… 68

COLUMN　パーソナルカラーでベージュ、ピンク、ブラウンが似合う人に！ …… 72

\ 骨格 × パーソナルカラータイプ別 /

Part 3
自分に似合う
アイテム＆コーディネートが
わかる！

本当に使える服の選び方 ……… 74

BASIC ITEM ベーシックアイテム
 1 Tシャツ ……… 76
 2 カットソー ……… 78
 3 シャツ ……… 80
 4 ブラウス ……… 82
 5 ニット ……… 84
 6 カーディガン ……… 86
 7 ジャケット ……… 88
 8 タイトスカート ……… 90
 9 ロングスカート ……… 92
 10 パンツ ……… 94
 11 デニム ……… 96
 12 ワンピース ……… 98

OTHER BASIC ITEM その他のベーシックアイテム
 ウールコート ……… 100
 トレンチコート ……… 102
 ダウンコート ……… 103
 アクセサリー ……… 104
 バッグ ……… 107
 帽子＆スカーフ＆ベルト ……… 108
 靴 ……… 109

本当に似合う服で着回す 24 コーデ
  Straight ［ストレートタイプ］………… 110
  Wave ［ウェーブタイプ］………… 124
  Natural ［ナチュラルタイプ］………… 138

Party Coordinate ［パーティコーディネート］………… 152

COLUMN　おしゃれ美人は「抜け感」を作っている！………… 154

Part 4　最高のクローゼットを作る5つのレッスン

LESSON 1　クローゼットをチェックする………… 156

LESSON 2　似合う服をイメージする………… 158

LESSON 3　買い物をするときのポイント………… 160
    骨格別ありがち NG ポイント………… 162
    ネット通販の買い物ポイント………… 163

LESSON 4　お悩み＆疑問を解決！………… 164

LESSON 5　苦手アイテムの似合わせテク………… 166

骨格 × カラー アイテム早見表………… 168

本書に掲載しているファッションアイテムは、2016 年 11 月現在のものです。
現在では同じ商品が販売されていないことがありますので、ご了承ください。

Part

1

骨格診断で
似合うデザイン・素材が
わかる！

―

似合う服のデザインと素材は、「骨格診断」で知ることができます。
3つの骨格タイプから、あなたの魅力を引き出すものを見つけましょう。

骨格診断とは？

**筋肉や脂肪のつき方で、3つの骨格タイプに分類
似合うファッションがわかる！**

骨格診断では、持って生まれた体の「質感」、「ラインの特徴」から、自分自身の体型を最もきれいに見せるデザインと素材を知ることができます。診断結果は「ストレート」、「ウェーブ」、「ナチュラル」の3タイプに分類されます。太っている、やせている、年齢、身長などは関係ありません。どんな人でも自分に似合うデザインと素材を知ることができ、ファッションでその人の魅力を引き出すことができるのです。

STRAIGHT　WAVE　NATURAL

似合う"デザイン"と"素材"でだれでも美しく見せられる！

骨格診断で「似合う」がわかる！

すてきだなぁと思った服を、いざ自分で着てみると、なぜだかしっくりこない。そんな経験はありませんか？ それは自分の体に似合う"デザイン"と"素材"を選べていないから。骨格診断をして「似合う」がわかれば、服を上手に選べるようになり、垢抜けた美人スタイルを作ることができます。

\ 骨格診断のメリット /

- 垢抜けた印象になれる
- 着やせして見える
- 服に着られない
- 本来の女性らしさが引き出される
- 上品で魅力的に見える

〈 骨格診断 〉

【 3つの骨格タイプ 】

Straight
ストレート

厚みのある
メリハリボディ

似合うのは…
↓

**すっきりシンプルな
ファッション**

体に厚みがあるので、ベーシックでシンプルなデザインが得意。素材はハリのある上質なものが似合います。

▶ P.18

###
ウェーブ

華奢な
カーヴィーボディ

似合うのは…
↓

**華やか・ソフトな
ファッション**

体に厚みがないので、装飾のあるデザインが得意です。素材はうすくやわらかい質感のものが似合います。

▶ P.24

Natural
ナチュラル

骨、関節がしっかりした
スタイリッシュボディ

似合うのは…
↓

**ゆったり、カジュアルな
ファッション**

フレームがしっかりした体。ラフでカジュアルなデザインが得意です。素材はざっくりした質感が似合います。

▶ P.30

次のページからさっそく診断してみましょう！

骨格診断

セルフチェック

あなたの骨格タイプを診断します。
12の質問に答え、あてはまるものにチェックを入れましょう。

- 家族や友人など複数の人と体の特徴を比べてみるとわかりやすいです。
- 太っている・やせているは関係ありません。
  どうしても気になる場合は「自分が標準体型だったら」と考えてみましょう。

Q.1 手（手首から指まで）の大きさの特徴は？

- ☐ 身長や体の大きさの割に小さい … **a**
- ☐ 身長や体の大きさとバランスのとれた大きさ … **b**
- ☐ 身長や体の大きさの割に大きい … **c**

Q.2 指の関節の大きさは？

- ☐ 小さい … **a**
- ☐ 普通 … **b**
- ☐ 大きい。第二関節を通過した指輪が指の根元で回る … **c**

Q.3 手首の特徴は？

- ☐ 細く、断面にすると丸に近い … **a**
- ☐ 幅が広くてうすく、断面にすると平べったい形 … **b**
- ☐ 骨がしっかりしている … **c**

Q.4 手首のくるぶしのような骨の特徴は？

- ☐ ほとんど見えないくらい小さい … **a**
- ☐ 普通に見える程度の大きさ … **b**
- ☐ とてもはっきりと出ている、または大きい … **c**

〈 骨格診断 〉

Q.5　手の平、甲の特徴は？

- ☐ 手の平に厚みがある … (a)
- ☐ 手の平はうすい … (b)
- ☐ 厚さよりも、手の甲が筋っぽいのが目立つ … (c)

Q.6　首の特徴は？

- ☐ どちらかというと短い … (a)
- ☐ どちらかというと長い … (b)
- ☐ 太くて、筋が目立つ … (c)

Q.7　鎖骨の特徴は？

- ☐ ほとんど見えないくらい小さい … (a)
- ☐ 細めの鎖骨が見える … (b)
- ☐ 大きくしっかりしている … (c)

Q.8　太もも、ひざ下の特徴は？

- ☐ 太ももは太くひざ下は細い。すねはまっすぐ … (a)
- ☐ 太ももは細く、ひざ下は太い。すねは外側に湾曲しやすい … (b)
- ☐ 太ももは肉感的ではなく、すねの骨は太い … (c)

Q.9　ひざの皿の特徴は？

- ☐ 小さくて目立たない … (a)
- ☐ 大きすぎず、小さすぎない … (b)
- ☐ 大きい … (c)

Q.10　体の全体の印象は？

- ☐ 厚みがあり、肉感的 … **a**
- ☐ うすく、メリハリに欠ける … **b**
- ☐ 骨がしっかりしていて、肉感的ではない … **c**

Q.11　足の特徴は？

- ☐ 身長や体の大きさの割に小さい … **a**
- ☐ 身長や体の大きさとバランスのとれた大きさ … **b**
- ☐ 身長や体の大きさの割に大きい … **c**

Q.12　似合わないアイテムは？

- ☐ やわらかい素材のアイテムは着太りする … **a**
- ☐ スポーティなアイテムだとやぼったく見える … **b**
- ☐ ぴたっとしたアイテムだとたくましく見える … **c**

診断結果

チェックしたもので、**a**、**b**、**c** どれの数が最も多かったですか？
多かったものがあなたの骨格タイプです。

a … *Straight*　P.18へ
b … *Wave*　P.24へ
c … *Natural*　P.30へ

診断に迷ったときは、右ページやP.50 も参考にしましょう

診断のポイント

骨格ごとの特徴は、実際に触れてほかの人と比較してみるのが一番わかりやすいです。
各部位を診断するときのポイントをおさえておきましょう。

check 1

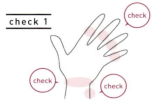

手首・指の関節

手首は軽くにぎって、幅と厚み、どちらが大きいか見るとわかりやすいでしょう。手のくるぶしや指の関節は目で見て判断しましょう。

check 2

手の平の厚み

手を開き真横から見て、手の平の厚みを見ましょう。わかりにくい場合はほかの人の手の平を触って比べます。

check 3

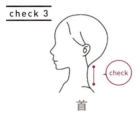

首

頭の付け根から、肩までの距離が長めか、短めかを判断します。指などで長さを計って比較するとわかりやすいです。

check 4

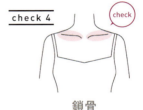

鎖骨

鎖骨の太さ、目立ち具合を確認します。まずは鎖骨が出ているかどうか、出ている場合は太いか細いかを判断します。

check 5

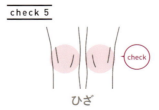

ひざ

立った状態でひざに軽く手の平を当て、皿の大きさや骨の出かたを確認します。

Straight

║ 体の特徴 ║

厚みを感じさせる グラマラスな メリハリボディ

体全体に立体感があり、筋肉も感じさせるメリハリのあるボディです。どちらかというと上重心。肌に弾力とハリがあるのも特徴です。

ウエスト
胸からウエストにかけての距離が短く、腰の位置は高め。

ひざ
ひざは皿が小さく、目立たない。ひざ上は太めで、ひざ下は細く、メリハリがある。

正面

首
長さは身長と比較して短め。首から肩にかけての距離も短め。

デコルテ
筋肉のハリがあり、鎖骨があまり目立たない。

肌の質感
ハリがあり、弾力を感じさせる肌質。

★ ★ ★

このタイプの有名人

米倉涼子、藤原紀香、上戸彩、深田恭子、武井咲、石原さとみ、長澤まさみ、マドンナ

〈 骨格診断 / Straight 〉

手

手のくるぶし
骨が小さく、出かたは目立たない。

手首
細めで、断面にすると丸に近い筒状。

手の平、指
手の平が小さくて厚みがあり、弾力的。関節は目立たない。

横

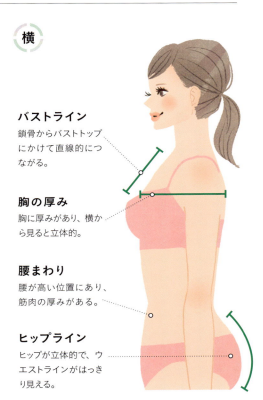

バストライン
鎖骨からバストトップにかけて直線的につながる。

胸の厚み
胸に厚みがあり、横から見ると立体的。

腰まわり
腰が高い位置にあり、筋肉の厚みがある。

ヒップライン
ヒップが立体的で、ウエストラインがはっきり見える。

背中

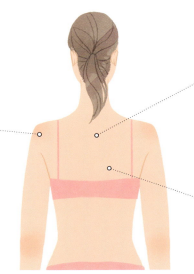

肩
触れても骨ではなく、筋肉のハリを感じる。

背骨
首の下、背骨のはじまりのところに触れると筋肉を感じ、背骨は目立たない。

肩甲骨
あまり目立たない。触れると肩甲骨の上に筋肉のハリを感じる。

似合うファッション

ストレートタイプ

すっきりとシンプルなファッション

立体的で厚みがあり、グラマラスな体のストレートタイプには、飾りをおさえた、シンプルでクラス感のあるファッションが似合います。高級感のある上質素材のアイテムを選び、ボリュームが出ないよう、Iラインのシルエットを作るようにすると◎。上品ですっきりとしたコーデが魅力を引き立てます。

トップス

首まわりや胸をすっきり見せる、胸元が縦に開いたものがおすすめ。フリルや飾りのあるアイテムは、ボリュームが出て着太りする。サイズは大きすぎず、小さすぎないものを選んで。

- ◎…ベーシックなシャツ、ジャケット、Vネックニットなど
- ×…パフスリーブ、オフショルダートップスなど

ボトムス

フレア系スカートは着太りして見え、スキニータイプもムチムチして見える。太ももを強調せず、細いひざ下やヒップラインを見せるタイトスカートやストレートパンツが似合う。

- ◎…ストレートパンツ、タイトスカートなど
- ×…フレアスカート、スキニーパンツなど

テイストキーワード

シンプル、ベーシック、高級感、すっきり

これは苦手…

パフスリーブ
上半身のボリュームを強調。トップスは飾りのないものがベスト。

スキニーデニム
コンパクトにまとまりますが、肉感を拾い、ムチムチした印象に。

似合うアイテムがくわしくわかる!

- *アイテムリスト → P.44〜49
- *厳選アイテム → P.76〜109
- *着回しコーデ → P.110〜123

ストレートタイプ

‖ 似合う素材・柄 ‖

素材

ハリのある上質な素材を選んで

ストレートの弾力のある肌になじみやすい素材は、しっかりとしたハリのある上質なもの。上品でクラス感のある女性らしさを引き出します。デニムもダメージ加工のないものが似合います。

ベロア、シフォン、ナイロン、モヘア、麻、ツイード、エナメル、ハラコ

コットン

きめが細かく、きれいめで高級感のあるもの。

ウール

細い糸で編まれた、高品質なもの。圧縮ウールやハイゲージニットなど。

サテン

やわらかすぎず、ハリがあり、高級感のあるもの。綿サテンや、シルクサテンなど。

コーデュロイ

うねがとても細かく、きれいめなものが似合う。

デニム

きれいめなもの。ダメージやクラッシュ、ケミカル加工のないシンプルなデニム。

革

ハリ感、高級感のあるもの。ツヤの少ない表革。小物なら、型押しされたものでもOK。

そのほか…厚手のシルク、カシミヤ

柄

大きくはっきりした柄

ストレートに合うのは、メリハリの効いた大きめの柄です。また、色のコントラストもはっきりしたものが似合います。ドットでも花柄でも、大きめのものを取り入れて。華やかで女性らしいスタイルが叶います。

小花柄、迷彩、ペイズリー、レオパード、キャラクタープリント

ストライプ

Iラインを作る柄はストレートにぴったり。シンプルなコーデのアクセントにして。

ドット

柄の大きいものが似合う。小さいドット模様は体を大きく見せてしまうので避けて。

花柄

大柄で色のコントラストが強く、はっきりしたものが似合う。小花柄は不向き。

ボタニカル

大きめの柄で、色のコントラストが強いもの。淡い色合いは避けて。

チェック

大柄ではっきりしたアーガイル・チェック、フォーマルな印象のバーバリー・チェックなど。

ボーダー

縞の幅が太く、色のコントラストがはっきりしたもの。淡い色合いや縞が細いものは不向き。

ストレートタイプ

似合う小物

Bag バッグ

- 大きめ
- マチが厚い
- かっちりしたタイプ
- ケリー風やバーキン風
- ボストンタイプなど自立できるもの

 小さいもの、キルティング加工のあるもの、ショルダーの細いもの

Hat 帽子

- シンプルで、飾りの少ないもの
- メンズライクで、ラフすぎないもの
- 中折れ帽
- ハイゲージニット帽

 女優帽、リボン飾りのついたもの、ラフすぎるストローハット、ローゲージニット帽

Shoes 靴

- シンプルで、飾りの少ないもの
- ツヤなしの表革素材
- ラフすぎないもの
- パンプス
- スタンダードなローファー
- ショートブーツ
- スニーカー

 バレエシューズ、ロングブーツ、ニーハイブーツ、ムートンブーツ、足首のファー

ストレートタイプ

Accessories アクセサリー

高級感のある素材を使ったシンプルなデザインが似合います。

A **ネックレス**
シンプルなデザインのもの

B **ピアス・イヤリング**
大ぶりでぶらさがらないタイプ

C **ブレスレット・バングル**
オーソドックスで上品なデザインのもの

D **時計**
オーソドックスなデザイン
フェイス：丸型、長方形
ベルト：革、ステンレス

素材 ダイヤやルビーなどの本貴石
金、銀、プラチナ
本真珠（8mm以上の大きさ）

ネックレスの長さ

① マチネ（55cm）
② オペラ（80cm）
③ ロープ（110cm）

その他
スカーフ…
シルク100％などの上質なもの、定番の柄のもの
ストール…
大きく、厚みのあるもの
ブローチ…
直線的なものや、シンプルなデザイン

Hairstyle ヘアスタイル

きちんと感のあるスタイルが得意。ストレートヘアか、パーマなら毛先だけのカールが◎。

\ Arrange! /

ショート
上半身が軽やかにまとまる、耳を出すスタイルもお似合い。

ボブ
重さのないボブスタイルですっきりと。毛先に巻きを加えてもOK。

ストレートロング
ストレートロングは毛先だけゆるめなカールをつけてフェミニンに。

シニヨン
すっきり上品にまとまる、シニヨンアレンジがおすすめ。

ウェーブタイプ

体の特徴

華奢で厚みがなく やわらかな曲線の ボディ

体はうすく、華奢。やわらかな曲線を描くボディが特徴です。どちらかというと下重心。肌は筋肉よりも脂肪を感じさせるソフトな質感です。

正面

首
身長と比較して長め。肩にかけてのラインがなだらかなのが特徴。

デコルテ
鎖骨が細く、よく目立つ。

腰の位置
ウエストから腰の距離が長く、腰の位置は低め。

肌の質感
やわらかく、ふんわりとした質感。

ひざ
ひざが出ている。太ももが細く、ひざ下に肉がつきやすい。

★ ★ ★
このタイプの有名人
北川景子、黒木瞳、
新垣結衣、戸田恵梨香、
堀北真希、佐々木希、
オードリー・ヘップバーン

〈骨格診断／Wave〉

手

手のくるぶし
普通に見えるくらいの大きさ。

手首
平たく、断面にすると楕円形のような形。

手の平、指
手の平のサイズは普通で、うすい。関節は目立たない。

横

バストライン
鎖骨からバストトップにかけてややえぐれたようにつながる。

胸の厚み
厚みはなく、バストトップの位置が低めに見える。

腰
腰の位置は低めで、厚みがなくうすい。

ヒップライン
ヒップは平面的。背中からなだらかな曲線になっている。

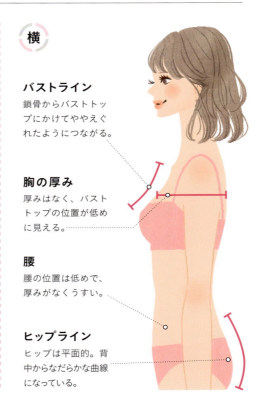

背中

背骨
首の下、背骨のはじまりのところに触れると、うっすらと背骨がわかる。

肩甲骨
肩甲骨の上に筋肉がないので、小さめの骨を感じる。

肩
触れると骨を感じるが、大きくはなく、華奢さがある。

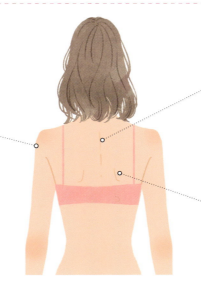

ウェーブタイプ

似合うファッション

華やかでソフトなファッション

華奢な体には、さみしくならないように装飾的なファッションが似合います。ソフトな肌質に合う、うすくやわらかい素材で、体の曲線やウエストのくびれを強調するスタイルを作りましょう。上半身がうすく、下半身が重くなりがちなので、上重心にコーディネートを作ります。

トップス

上半身がさみしくならない、フリルなどの飾りがついた、華やかでボリュームのあるものが似合う。重ね着など足し算するコーディネートもおすすめ。

◎…ブラウス、カーディガン、パフスリーブ、オフショルダー

×…シャツ、タートルネック、ハイネック、トレーナー

ボトムス

下半身が軽やかに見える、フレアスカートがおすすめ。ひざ下丈なら足が短く見えずバランスよくまとまる。パンツはダボッとしたものは似合わないので、はくなら下半身がコンパクトに見えるスキニータイプを。

◎…ミニスカート、プリーツスカート、コクーンスカート、テーパードパンツ、スリムパンツ

×…ハーフパンツ、ワイドパンツ、マキシ丈スカート

テイストキーワード

華やか、ふんわり、ぴったり

これは苦手…

Vネックセーター

華奢なデコルテを悪目立ちさせ、貧相に見えてしまいます。

カーゴパンツ

下半身が重くなり、やぼったく見えがち。

似合うアイテムがくわしくわかる！

＊アイテムリスト → P.44〜49
＊厳選アイテム → P.76〜109
＊着回しコーデ → P.124〜137

ウェーブタイプ

‖ 似合う素材・柄 ‖

素材

ソフトでふんわりとしたフェミニンなもの

ウェーブタイプのやわらかな肌になじみやすいのは、うすくてやわらかい素材。モヘアやアンゴラなどふんわりしたもの、ストレッチが効いたものも似合います。革やデニムなどのハードな素材はあまり得意ではないので、取り入れるなら小物で。

 麻、綿デニム、革、ブリティッシュツイード

モヘア

やわらかな質感の、モヘアニットやシャギーなど。

コットン

シアサッカーや別珍などのやわらかな質感のもの。

アンゴラ

アンゴラニットなど、ふんわりとした質感のもの。

シフォン

軽く華やかでフェミニンな印象になりよく似合う。

ファンシーツイード

カラフルで装飾的、甘く女性的な雰囲気がよく似合う。

エナメル

グロッシーな光沢感がやわらかな肌にマッチする。

そのほか…ベロア、スエード、サテン、ハラコ

柄

小さく控えめなもの

ウェーブタイプに合うのは、小さめの柄です。色のコントラストも弱いものが似合います。レオパードやゼブラなど、動物柄が似合うのも特徴。強すぎない柄をベーシックな色合いでまとめると、甘くならず大人な雰囲気が出せます。

 迷彩、幅の太いボーダーやストライプ、大柄のボタニカル、大きいドット柄

花柄

小柄で色のコントラストが弱いもの。キャス・キッドソン柄などのやさしげなもの。

ドット

小柄で淡い色合いのもの。大きめのものは避けて。

チェック

小柄なもの、ギンガムチェックや千鳥格子、グレンチェックなど。

ペイズリー

細かく華やかな柄、色のコントラストが強くないもの。

レオパード

大柄すぎない、細かい柄のもの。

ゼブラ

大柄すぎない、細かい柄のもの。

ウェーブタイプ

似合う小物

Bag バッグ

- 小さめ
- マチがうすいもの
- ショルダーの短いもの
- シャネル風のキルティングタイプ

 大きい、型押しのあるもの、ボストンバッグ、トートバッグ

Hat 帽子

- 華やかで、つばが広いもの
- リボンなど飾りがついたデザイン
- 女優帽
- フレア形の帽子
- 飾りつきニット帽

 ハイゲージニット帽、スポーツキャップ

Shoes 靴

- リボンやストラップなどの飾りがあるもの
- ツヤのあるエナメル素材
- パンプス
- バレエシューズ
- ロングブーツ
- ニーハイブーツ

 ローファー、大きくてラフな素材のスニーカー、グラディエーターサンダル、ショートブーツ、ウエスタンブーツ、ムートンブーツ

ウェーブタイプ

Accessories アクセサリー

キラキラした小さめの石、華奢で
ゆれるデザインが似合います。

A **ネックレス**
華奢で半貴石がついたもの

B **ピアス**
小さめで、ゆれるタイプ

C **ブレスレット・バングル**
華奢で小さめなモチーフや
ストーンがついたもの

D **時計**
細めのデザイン、ブレスレットウォッチ
フェイス：丸型、正方型、小さめ
ベルト：細い金属製

その他
スカーフ…小さめのもの
ストール…うすいもの
ブローチ…小さめで繊細なデザイン

ネックレスの長さ

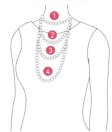

① チョーカー（35～40cm）
② プリンセス（40～43cm）
③ マチネ（55cm）
④ オペラ（80cm）

素材
アメジストやラピスラズリ
などの半貴石
金、プラチナ
真珠（8mm以下の大きさ）
コットンパール
プラスチック素材
クリスタル

Hairstyle ヘアスタイル

ふんわりとしたパーマヘアのような、曲線的なデザインが似合います。

\ Arrange! /

ふわふわボリュームボブ
すらりと長めの首まわり
には、パーマのボリュー
ム感が似合う。

エアリーセミロング
ふんわりカールで胸元に
華やかさを。センターパー
トで甘すぎない印象に。

ガーリーロング
前髪を作り、甘めな印
象のウェーブをかけたロ
ングスタイルもお似合い。

巻き髪ポニーテール
コンパクトにまとめず、
ボリューム感を出した
華やかなスタイルが◎。

Natural

ナチュラルタイプ

体の特徴

フレーム感のある スタイリッシュボディ

筋肉や脂肪があまり感じられない、スタイリッシュなボディ。骨が太く大きく、関節も目立ちます。全体的に四角形のようなフレーム感があります。肌の質感は個人により違いがあります。

正面

首
長さには個人差がある。筋が目立つ。

デコルテ
鎖骨の骨が太くて大きい。目立ちかたに個人差がある。

腰の位置
腰の位置には個人差がある。

肌の質感
かたすぎず、やわらかすぎず、個人差がある。骨を感じやすい。

ひざ
ひざの皿が大きい。ひざ上の太さは個人差があり、ひざ下はすねの骨やアキレス腱が太い。

★ ★ ★
このタイプの有名人
綾瀬はるか、梨花、道端ジェシカ、天海祐希、深津絵里、中谷美紀、アンジェリーナ・ジョリー

手

手のくるぶし
骨が大きく、3つのタイプの中で最も目立つ。

手首
断面にすると長方形で、骨や筋が感じられる。

手の平、指
手の平が大きく、関節が目立つ。骨や筋っぽさが感じられる。

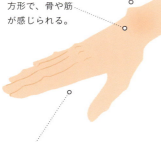

 横

バストライン
個人差があるが、鎖骨から、バストトップにかけて直線的な人が多い。

胸の厚み
厚みがある。筋肉のハリは感じられない。

腰骨
腰に高さを感じる。骨の厚みがあるので長方形のような形。

ヒップライン
肉感はほとんどなく、平面的。骨盤に厚みがある。

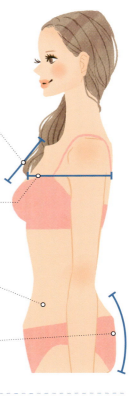

背中

肩
触れると大きな骨を感じる。筋肉のハリがなく、肩の骨が目立つ。

背骨
首の下、背骨のはじまりのところに触れると、背骨をしっかりと感じる。

肩甲骨
大きくて立体的な肩甲骨。3つのタイプの中で最も目立つ。

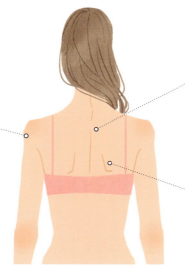

ナチュラルタイプ

似合うファッション

ラフ＆カジュアル、作り込まないファッション

体のフレームがしっかりしていて、すらりとスタイリッシュなラインを持ったナチュラルタイプには、肩の力が抜けた、カジュアルでリラックスしたファッションが似合います。ゆったりとした、作り込みすぎないコーディネートが大人な魅力を引き出します。

トップス

首元が大きく開かない、ゆったりとしたサイズ感のもの。ルーズなシャツや、ゆとりのあるオフタートルネックがスタイリッシュに決まる。

◎… シャツ、ロングカーディガン、トレーナー、タートルニット
×… パフスリーブ、胸の開きが深いトップス

テイストキーワード

大きめ、長め、ラフ、リラックス、素朴

ボトムス

大きめでゆったりしたサイズや、ざっくりした質感が似合う。布をたっぷり使ったマキシ丈スカート、ダメージ加工デニムなどがおすすめ。

◎… ロングスカート、ガウチョパンツ、カーゴパンツ
×… ハーフパンツ、ショートパンツ、ティアードスカート

これは苦手…

深い開きのもの
胸の開きが深いトップスは、鎖骨が目立ち貧相な印象になりがち。

シフォンスカート
やわらかすぎる素材は、たくましさが目立ちます。

似合うアイテムがくわしくわかる！

＊アイテムリスト → P.44〜49
＊厳選アイテム → P.76〜109
＊着回しコーデ → P.138〜151

ナチュラルタイプ

似合う素材・柄

素材

天然素材、素朴なものを選んで

ナチュラルには、素材もラフでカジュアルなものが似合います。麻やガーゼ地のような自然素材、コーデュロイ、ダメージデニム、風合いのある革などがぴったり。シワ加工やツイードなどのざっくりとした素材も似合います。

 シルク、サテン、ベロア、シフォン、ラメ入りツイード、エナメル、キルティング

コットン

ダンガリーやガーゼなどのカジュアル感のあるもの。

ウール

フェルトやローゲージニット、ミドルゲージニットなど。

ツイード

落ち着いた印象のブリティッシュツイード。

コーデュロイ

綿製のカジュアルなもの。

デニム

ダメージやクラッシュ、色落ち加工がしてあるラフな感じのもの。

革

長く使い込んだ、革の風合いを生かしたもの。

そのほか…麻、スエード

柄

カジュアル、エキゾチックな柄

ナチュラルに合うのは、カジュアル感のあるチェック柄や、エキゾチックなプッチ柄、ペイズリー柄、ボタニカル柄などです。色のコントラストは強すぎないものがおすすめ。

 ドット、ヒョウ柄、ホルスタイン柄、千鳥格子

チェック

ギンガムチェック、アーガイルチェック、タータンチェックなど。

ストライプ

細めでも太めでもOK。

ペイズリー

ラフでエキゾチックな印象のもの。

ボタニカル

水彩で描いたようなラフなイメージのトロピカルなもの。

迷彩

柄の大きめのもの。

ボーダー

細めでも太めでもOK。細太混ざったデザインも可。

ナチュラルタイプ

似合う小物

Bag バッグ

- 大きめ
- 持ち手幅が広いもの
- マチが大きい、またはないもの
- トートバック
- ボストンバック
- かごバッグ

 ポシェットなどの小さすぎるもの、ツヤのある素材のもの

Hat 帽子

- カジュアル、大きめなもの
- メンズライク、ラフなもの
- ストローハット
- ローゲージニット帽
- スポーツキャップ

 つばが狭くコンパクトなタイプ

Shoes 靴

- カジュアルなもの
- ウエスタン系
- ヒールが大きく、きれいめすぎないもの
- パンプス
- ローファー
- スニーカー
- ムートンブーツ

 バレエシューズ、ニーハイブーツ、足首のファー

ナチュラルタイプ

Accessories アクセサリー

天然素材を使ったもの、大きく長めなデザインが似合います。

A ネックレス
大きめの飾り、長めのもの

B ピアス
光のない天然石、大きめなフープなど

C 時計
太めのデザイン
フェイス：長方形、丸型、大きめ
ベルト：太めの革、キャンバス地

素材　不透明な天然石、べっこう
金、銀、プラチナ
バロックパール（8mm以上の大きさのもの）
シェル、さんご、木

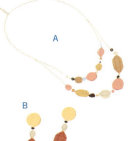

ネックレスの長さ

① マチネ（55cm）
② オペラ（80cm）
③ ロープ（110cm）

その他
スカーフ…
似合わないが、つけるなら麻の素材
ストール…
大きめ、タッセルやフリンジのついたもの
ブローチ…
フェザーモチーフや木製のカジュアルなもの

Hairstyle ヘアスタイル

作り込まない、ラフで無造作なデザインが似合います。

\ Arrange! /

無造作ウェーブボブ
リラックス感のある無造作スタイル。毛先にラフな動きを出して。

センターパートセミロング
センターを分けて大人っぽい雰囲気に。さらりとしたゆるめのパーマスタイルが似合う。

カジュアルベリーロング
ベリーロングスタイルはナチュラルにぴったり。ゆるふわのパーマをかけるとかわいい印象に。

ラフスタイル
きっちりさせず、おくれ毛を出したゆるっとした雰囲気にまとめると◎。

> シャツ＆デニムで比較！

【 骨格タイプ別ファッション 】
ありがちなNGを解消！

3つの骨格タイプが陥りがちなNGパターンを紹介。
同じシャツ＆デニムでも、似合う・似合わないがあるのです！

＼ **ストレートタイプの　　ありがちNG** ／

むっちり感が気になる

ふんわりした素材や体にフィットするデザインを選ぶと、なぜかムチムチして見えます。体のボリュームが悪目立ちして、強そうな印象を与えてしまいます…。

NG　とろみトップス
体に厚みがあるので、うすくテロッとしたトップスを着ると着太りします。首の詰まったデザインも、苦しそうな印象に。

NG　ぴたっとしたパンツ
スキニーデニムをはくと、肉感を拾ってムチッとした印象に。

OKアイテムで解消！ ▶ P.38

\ **ウェーブ**タイプの /
ありがちNG

さみしく
やぼったい印象に

シンプルなアイテムはさみしい印象に、ラフなアイテムはやぼったい印象になってしまいます…。

OKアイテムで解消！ P.40

NG

ゆったりトップス

素材が厚手でゆったりしたものは、さみしく、服に着られているように見えてしまいます。

NG

ラフなパンツ

ボーイフレンドデニムはダボッとしてやぼったい印象に。下半身も太く見えます。

NG

かっちりトップス

骨ばねしい体が目立ってしまい、貧相に見えるためコンパクトでかっちりしたものは苦手。

NG

きれいめパンツ

きれいめストレートデニムはかたくるしい印象に。

\ **ナチュラル**タイプの /
ありがちNG

貧相に見えてしまう

かっちりコンパクトなアイテムは骨ばねしい体を目立たせます。きれいめなアイテムもさみしい印象になります…。

OKアイテムで解消！ P.42

これでOK!

ストレートタイプ

Straight

シンプルな形、ハリのある素材ですっきり&シックに見せて

{ POINT }
- やわらか素材ではなく、ハリのある素材に
- ぴたっと、ゆるっとは苦手。ベーシックな形を選ぶ

Tops
素材はハリ感がマスト
シャツはストレートタイプに似合うアイテムですが、とろみのある素材はNG。厚めのハリのある素材でかっちりしたデザインを選びます。

Bottoms
ベーシックな形
ぴたっとして体のラインを強調する形は苦手です。ストンとしたベーシックな形を選ぶようにしましょう。デニムならきれいめストレートを。

Bag
小物で上品さを
デニムとシャツでも、合わせるバックで飾らない高級感のあるファッションに。

〈 Straight 〉

これも似合う！

"フェミニンコーデは ハリのあるスカートで作る"

スカートはＩラインのシンプルなシルエットが似合います。飾りがないほうが、かえってフェミニンな印象になります。

シンプル、ベーシックがキーワード。パンツはしっかりした素材で、まっすぐな形を選びましょう。ニットはハイゲージを。

女性らしさを出すなら、どこかにかっちり感を漂わせること。シャツワンピがベストマッチです。

"パンツスタイルはベーシックな形が正解"

"女っぷりを上げるなら シャツワンピがベスト"

これでOK！

[ウェーブタイプ]

Wave

やわらか素材がメリハリを作る
足し算コーデで華やかに見せて

Tops

上半身にボリューム感を

首まわりは開きすぎず、素材はとろみのあるものを選んで。さみしくなりがちな上半身にボリュームを作ること。

Bottoms

下半身はすっきり見せて

パンツはコンパクトなサイズを選ぶこと。デニムパンツは基本的には苦手ですが、はくなら断然スキニータイプを。

{ POINT }

- やわらかな素材でボリュームアップ
- パンツはコンパクトにすっきり見せる

Waist

ベルトでメリハリを

メリハリを出すために、ベルトでウエストを強調。ごつくない華奢なタイプがおすすめです。

これも似合う！

" ツインニットで
足し算コーデを作る "

ツインニットは上半身にボリュームと華やかさが出るのでウェーブにぴったり。クロップドパンツで下半身をすっきりと見せて。

トップス、ボトムス両方にふんわり素材を合わせても重たく見えず、おしゃれに着こなせます。

Aラインワンピならシンプルでも華やかな印象に。ウエスト位置が高いものが◎。

" モヘア×シフォンで
大人ガーリー "

" Aラインワンピで
シンプルでも華やかに "

〈 Wave 〉

これでOK！

[ナチュラルタイプ]

Natural

ざっくり素材とゆったりサイズで余裕のある大人のコーデに

{ POINT }

- 骨感を目立たせない、ゆったりサイズが◎
- ラフな雰囲気の素材が肌によくなじむ

Tops
ゆったりサイズが◎
シャツは、サイズ感に余裕を作ること。体が持つシャープさが自然に生きます。

Bag
大きくラフなアイテム
小物も小さくならないように意識しましょう。大きいトートはラフでざっくりとした雰囲気がナチュラルさんにぴったり。

Bottoms
粗い素材、ラフな形
きれいめ素材よりも、粗い素材を選ぶとスタイリッシュに。形はデニムならボーイフレンドが一番！

〈 Natural 〉

「これも似合う！

"フェミニンなスカートは
ロングタイプを選ぶ"

スカートは、大きめで腰から広がる形のロングタイプが正解。麻などざっくりした素材を選んで。

ワンピースはゆったりしたシルエットのものを。長めのネックレスをつけるとバランスよくまとまります。

きれいめなコーデにしたいなら、コーデュロイを取り入れて。ビッグシャツを合わせればより上品に。

"**ゆったりしたシルエット**で
大人な女性らしさを"

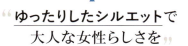

"きれいめコーデも
カジュアル素材で作る"

骨格別アイテムリスト

似合うトップスやボトムスの形は骨格ごとに違います。それぞれ、どんな形がOK・NGなのかを紹介します。

◎…似合う　○…素材や形などの条件によりOK　△…おすすめではないが、取り入れてOK　×…苦手

	ITEM \ TYPE	Straight (ストレート)	Wave (ウェーブ)	Natural (ナチュラル)
ネックライン	ラウンドネック	○ 大きめに開いたもの	◎	◎
	Vネック	◎	△ 開きすぎはNG	△ 開きすぎはNG
	Uネック	◎	△ 開きすぎはNG	△ 開きすぎはNG
	スクエアネック	◎	◎	△ 開きすぎはNG

	TYPE ITEM	Straight ストレート	Wave ウェーブ	Natural ナチュラル
ネックライン	ボートネック	○ 大きめに開いたもの	◎	◎
ネックライン	タートルネック	△ ボリュームのあるものはNG	× バストトップの低さが目立つ	◎
ネックライン	オフタートル	× 首まわりがすっきりしないのでNG	◎	◎
ネックライン	オフショルダー	× 肩を出すと着太りする	◎	△ 素材にシャリ感のあるものはOK
袖丈	長袖	◎	△ 袖が長すぎないものはOK	◎
袖丈	7分袖	× 腕が太く見える	◎	× 貧相に見える

◎…似合う　○…素材や形などの条件によりOK　△…おすすめではないが、取り入れてOK　×…苦手

ITEM / TYPE	Straight (ストレート)	Wave (ウェーブ)	Natural (ナチュラル)
半袖	◎	△ 長く大きいものはNG	◎
ノースリーブ	△ 詰まりすぎないものはOK	◎	△ ストラップが太めのものはOK
フレンチスリーブ	× がっしりして見える	◎	× 肩が勇ましく見える
パフスリーブ	× 着太りして見える	◎	× 肩が勇ましく見える
ドルマンスリーブ	× 上半身が重く見える	× 服に着られて見える	◎
ベルスリーブ	× 上半身が重く見える	◎	◎

袖丈

ITEM / TYPE		Straight	Wave	Natural
ボトムス丈	もも丈	× 太ももが太く見える	◎	× 足が貧相に見える
	ひざ上	◎	△ 足が短く見える	△ 骨感が目立つ
	ひざ下	△ ひざを出したほうがきれい	◎	◎
	ミモレ	× 半端な丈はバランスが悪く見える	○ 下重心にならない短めなものを	◎
	マキシ	◎	× 下半身が重く見える	◎
スカート形	タイト	◎	◎	◎

◎…似合う　○…素材や形などの条件によりOK　△…おすすめではないが、取り入れてOK　×…苦手

ITEM	TYPE	Straight (ストレート)	Wave (ウェーブ)	Natural (ナチュラル)
スカート形	ストレート	◎	△ うす手の素材はOK	◎
スカート形	台形	× 足が太く見える	◎	× 足が貧相に見える
スカート形	フレア	× 足が太く見える	◎	○ 腰から広がる丈が長いもの
スカート形	プリーツ	× 着太りする	◎	△ ラフな素材はOK
スカート形	ティアード	× 着太りする	◎	× 着太りする
パンツ形	ショート	× 足が太く見える	◎	× 足が貧相に見える

ITEM / TYPE		Straight ストレート	Wave ウェーブ	Natural ナチュラル
パンツ形	クロップド	× 太ももが目立つ	◎	○ 裾幅が太めのものを
	カーゴ	△ ストンとした形はOK	× 下半身太りして見える	◎
	スリム	× 足の肉感を拾う	◎	× 足が貧相に見える
	ストレート	◎	△ うす手の素材はOK	◎
	ワイド	◎	× 下半身が重く見える	◎
	ガウチョ	× 下半身が重く見える	○ スカーチョに見えるものを	◎

COLUMN

骨格診断で迷ったときは…?

見方を変えて再チェック!

骨格診断は厳密に診断すれば、必ずどれかのタイプに分類できます。しかし、セルフチェックだと、診断に迷うこともあるはず。そんなときには診断の見方を変えてみましょう。

Point 1 ▶ まず、2つのタイプに絞る

まずはP.14のチェック項目で、特徴が多くあてはまるものを2つに絞るようにしましょう。2つのタイプに絞れたら、ストレートタイプ…P.18〜19、ウェーブタイプ…P.24〜25、ナチュラルタイプ…P.30〜31を参考に、それぞれの特徴を細かく見極め判断します。

Point 2 ▶ 上重心? 下重心?

細かい箇所だけでなく、全身のバランスを見ることもヒントになります。全身が映る鏡の前に立ち、正面や横を見ましょう。上重心ならストレート寄り、下重心ならウェーブ寄りに、ナチュラルは個人差があり、骨っぽさが目立つのが特徴です。

Point 3 ▶ アイテムを身につけてみる

実際にアイテムを身につけ、どのアイテムが自分をもっとも美しくするかを見てみましょう。例えば、トップスならハイゲージタートルニット、パフスリーブニット、ローゲージのオフタートルニットなど、それぞれのタイプの特徴があるもので比べてみてください。

Point 4 ▶ ほかの人を診断してみる

特徴の出かたがわかりづらい場合は、友人などほかの人の体に実際に触れてみて、自分との違いを比較すると、自分のタイプがわかりやすくなります。複数人を見てコツをつかんで、もう一度セルフチェックをしてみましょう。

Part 2

パーソナルカラー診断で
似合う色がわかる！

—

似合うファッションを決める重要な要素の1つである「色」。
色を4つに分類したパーソナルカラー診断で、
あなたに、似合う色を知りましょう。
服だけでなくメイクにも役立ちます。

パーソナルカラー診断とは？

肌や目の色から
似合う色がわかる！

パーソナルカラー診断とは、生まれ持った肌や目の色から、あなたに似合う色を導き出すものです。診断結果は「スプリング」「サマー」「オータム」「ウインター」の4つに分かれます。パーソナルカラーはその人の肌や目、髪の色に調和し、その人のよさを引き立てることができます。

\ 同じ肌色でも合わせる色で見え方が変わる！ /

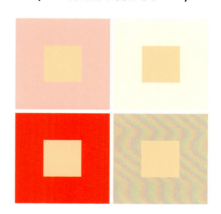

| 似合う色を身につければ… | 似合わない色を身につけると… |

- 明るく華やかな印象に
- 髪にツヤが出る
- 瞳がキラキラ輝く
- 血色よく見える

- 重たい印象になる
- 不健康に見える
- 顔色が暗くなる
- クマ、シミが目立つ

【 4つのカラータイプイメージ 】

〈 パーソナルカラー診断 〉

Spring
スプリングタイプ

- 春に咲く花や緑
- あたたかく明るい
- やさしげなイメージ

▶ P.56

Summer
サマータイプ

- 初夏や梅雨の空
- 淡いパステル調
- やわらかなイメージ

▶ P.60

Autumn
オータムタイプ

- こっくりした秋の紅葉
- あたたかで深みがある
- 落ち着いたイメージ

▶ P.64

Winter
ウインタータイプ

- きりりとした冬の空気
- メリハリがある
- シャープなイメージ

▶ P.68

黄みのあるイエローベース

青みのあるブルーベース

次のページでさっそく診断してみましょう！

> セルフ
> チェック

パーソナルカラー診断

あなたのパーソナルカラーのタイプを診断しましょう。
付録のカラー診断シートで簡単に診断することができます。

診断の条件

白色灯の下で行う

診断は、白色灯の部屋で行いましょう。白熱灯はオレンジがかった色のため診断に影響が出てしまいます。

ノーメイクで行う

肌本来の色、シミやくすみなどの目立ち方がわかりやすいように、化粧を落とした状態で行うのがベターです。

白い服を着る

診断のときに着ている服が影響しないように、なるべく白色のTシャツなどを着て診断しましょう。

診断方法

シートを顔横にあてて、映り方を見る

本書の巻頭についているカラー診断シートを切り取ります。鏡の前で、シートを顔の横にあて、右のページの項目に沿って診断します。一番多くあてはまったシートが、あなたのカラータイプです。

> カラー
> シート

Spring Summer Autumn Winter

4つのシートでcheck!

check 1
肌のムラが
一番出にくいシートは？

check 2
肌の表面が
一番きめ細かに見え、
乾燥して見えないシートは？

check 3
シミ、シワ、クマ、
ほうれい線が
一番目立たないシートは？

check 4
顔全体がたるみなく、
一番引きしまって
見えるシートは？

check 5
目の下にあてて、
一番瞳がきれいに輝くように
見えるシートは？

check 6
髪にあてて、ツヤ感が
一番引き立つシートは？

＼ わかりにくいときは ／

ベースの色を判断
スプリングとオータム、サマーとウインターをそれぞれ組み合わせて持って診断。まず、イエローベースなのかブルーベースなのかを判断します。

イエローベース

ブルーベース

手で診断
シート2枚を並べておき、上に手を置いて、くすみが出ない色を選びます。ネイルをしている場合は、色が影響するので手をグーにして置きましょう。

〈 パーソナルカラー診断 〉

Spring type

スプリングタイプ

【 スプリングタイプの特徴 】

春のイメージ、明るいカラーがぴったり

黄みのあるくすみのない明るい肌を持っているのがスプリングタイプ。春に咲く花やビタミンカラーのような明るい色がよく似合います。

★ ★ ★
このタイプの有名人
上戸彩、桐谷美玲、蛯原友里、菅野美穂、宮沢りえ

目
色がうすく、茶色系。瞳と虹彩がはっきり区別できる。

口唇
オレンジがかったピンク色。

肌
乳白色で陶器のような白肌。日焼けすると明るい茶色になる。

ヘア
色が抜けやすくもともとうすい。明るくしても違和感がない。

頬
あたたかみのあるオレンジ系の色。そばかすがある人が多い。

スプリングタイプ
Spring *type*

① ピーチピンク　② メロン　③ コーラルピンク　④ オーロラ　⑤ カーネーションピンク　⑥ フラミンゴ

⑦ ルミナスコーラル　⑧ スカーレット　⑨ ポピーレッド　⑩ ハニーイエロー　⑪ バナナミルク　⑫ スパークリングオレンジ

⑬ サンフラワー　⑭ ゴールデンイエロー　⑮ プリマヴェーラ　⑯ スプリンググリーン　⑰ パロットグリーン　⑱ アップルグリーン

⑲ アクアマリン　⑳ スプラッシュブルー　㉑ ターコイズブルー　㉒ フェザーグレー　㉓ クロッカス　㉔ パンジー

㉕ トワイライトブルー　㉖ ビスコッティ　㉗ キャメル　㉘ アーモンド　㉙ コーヒーブラウン　㉚ ミルキーホワイト

カラー診断ではこう見える！

サマーをあてると…

そばかすやシミなどが目立ちやすく、顔色が悪く見えます。

オータムをあてると…

全体的に顔が暗くなり、元気のないぼんやりとした印象になります。

ウインターをあてると…

色と顔がまったくなじまないため、派手でケバケバしい印象になります。

〈 パーソナルカラー診断／Spring 〉

【 似合うメイクカラー 】

スプリングタイプにおすすめのメイクカラーを紹介します。
ファンデーションなどのベースになるものは、首の色に合わせて選びましょう。

アイカラー（ベーシック色）

キャメル　　アーモンド　　コーヒーブラウン

ベーシックなシャドウには明るめの茶系を選びましょう。

アイカラー（さし色）

コーラルピンク　　プリマヴェーラ　　ターコイズブルー

春の花のようなピンクや、やわらかなグリーンが目元を明るく、華やかな印象にします。

リップカラー

ポピーレッド　　ルミナスコーラル　　カーネーションピンク

鮮やかな赤は大人なコーデに映えます。イエロー系ピンクは華やかさを引き出せます。

チークカラー

コーラルピンク　　メロン

オレンジや黄みのあるピンクで、ふんわりとキュートな印象に。

ネイルカラー

フェザーグレー　　カーネーションピンク　　アクアマリン

ヌーディーなフェザーグレーは甘くなりすぎずおすすめ。ブルーやピンクもイエロー系のやさしい色が似合います。

ヘアカラー

コーヒーブラウン　　アーモンド

明るめの色が似合うので、黒ではないやわらかなブラウンが◎。アッシュ系は肌がくすんで見えるので避けます。

スプリングタイプ
Spring
type

持っていると
とっても便利！

【 コーディネートカラー 】

スプリングタイプが持っていると使えるアイテムカラーを紹介します。
合わせやすい色なので、コーディネートの参考に。

Tops

（ ベーシック色 ）　　　　（ さし色 ）

ミルキーホワイト　フェザーグレー　トワイライトブルー　ピーチピンク　ポピーレッド

白、グレー、ネイビーが着回し力抜群！ピーチピンクやポピーレッドをさし色にすれば、華やかな雰囲気が作れます。

Bottoms

（ ベーシック色 ）　　　　（ さし色 ）

トワイライトブルー　ミルキーホワイト　コーヒーブラウン　ゴールデンイエロー　アクアマリン

ボトムスは暗めの色＋白がまとまりやすくておすすめ。スカートにさし色を使うとおしゃれ度アップ。

Outer

ビスコッティ　　ゴールデンイエロー

ビスコッティのコートが合わせやすく、おすすめ。ゴールデンイエローは華やかな印象に。

Bag

キャメル　　ターコイズブルー

Shoes

フェザーグレー　　ポピーレッド

バッグや靴は強めのさし色を入れてもOK。
ベーシックカラーのコーデに取り入れて。

サマータイプ

Summer
type

【 サマータイプの特徴 】

涼しげで
やわらかい色がお似合い

やや青白く、黄みが少ない肌を持っているのがサマータイプ。夏のイメージのさわやかで涼しげな色、やわらかい色がよく似合います。

このタイプの有名人

綾瀬はるか、広末涼子
壇蜜、松嶋菜々子、鈴木京香

目
ソフトな黒色。白目とのコントラストがやわらかい。

口唇
やや青く、くすみがかったローズ系のピンク色。

肌
うすく透明感がある。極端な色白、色黒の人はいなく、やや青白い印象がある。

ヘア
強すぎない、ソフトなブラックカラー。日本人に多い髪色。

頬
黄みのない、赤みを帯びた色。すぐに赤くなりやすい人が多い。

サマータイプ

Summer *type*

〈パーソナルカラー診断／Summer〉

① ベビーピンク
② ピンクレディ
③ オペラピンク
④ スイートピー
⑤ オールドローズ
⑥ ストロベリー
⑦ フランボワーゼ
⑧ ペールライラック
⑨ ウィステリアミスト
⑩ ラベンダー
⑪ ラベンダーブルー
⑫ マロー
⑬ オーキッドパープル
⑭ ベビーブルー
⑮ スカイブルー
⑯ ブルーリボン
⑰ ブルーロイヤル
⑱ インディゴ
⑲ ペパーミントグリーン
⑳ ピーコックグリーン
㉑ ターコイズグリーン
㉒ シトラスイエロー
㉓ シャンパン
㉔ ローズブラウン
㉕ ココア
㉖ グレーミスト
㉗ スカイグレー
㉘ ムーンストーン
㉙ ダークブルーシャドウ
㉚ マシュマロ

―― カラー診断ではこう見える！ ――

スプリングをあてると…

顔の全体が黄色くくすみ、肌の色ムラが目立ちます。

オータムをあてると…

クマが目立ち、顔全体がトーンダウンして見えます。

ウインターをあてると…

顔が色に負けてしまい、カラーシートの色だけが悪目立ちします。

サマータイプ
Summer type

【 似合うメイクカラー 】

サマータイプにおすすめのメイクカラーを紹介します。
ファンデーションなどのベースになるものは、首の色に合わせて選びましょう。

アイカラー（ベーシック色）

シャンパン　　ローズブラウン　　ココア

ベーシックカラーは、肌になじむ茶系を選びます。シャンパンやローズブラウンで明るい目元に。

アイカラー（さし色）

ピンクレディ　　ベビーブルー　　ラベンダー

涼しげなブルーやパープル系がおすすめ。やさしくフェミニンな印象になります。

リップカラー

オペラピンク　　フランボワーゼ　　ストロベリー

フランボワーゼは大人な印象に。ブルー系のオペラピンクやストロベリーはキュートな雰囲気。

チークカラー

スイートピー　　オールドローズ

ブルー系ピンクで上品な血色を作りましょう。スイートピーはほんのりやさしい印象に。

ネイルカラー

ベビーピンク　　ペパーミントグリーン　　スカイグレー

スモーキーカラーが似合います。辛口にしたいときは、スカイグレーを選びましょう。

ヘアカラー

ココア　　ローズブラウン

やさしい黒や、黒に近い茶色が似合います。赤み寄りのブラウンも肌の色と合わせやすいです。

サマータイプ
Summer type

> 持っていると
> とっても便利！

【 コーディネートカラー 】

サマータイプが持っていると使えるアイテムカラーを紹介します。
合わせやすい色なので、コーディネートの参考に。

Tops

（ ベーシック色 ）　　　　　　（ さし色 ）

マシュマロ　グレーミスト　スカイグレー　　ベビーブルー　フランボワーゼ

マシュマロやスカイグレーはどんなボトムスの色とも合わせやすくておすすめ。さし色はこのほかにラベンダーを入れても◎。

Bottoms

（ ベーシック色 ）　　　　　　（ さし色 ）

ダークブルーシャドウ　マシュマロ　ローズブラウン　　シトラスイエロー　マロー

ベーシック色は、ネイビー、白、ブラウンで着回し力大。さし色のシトラスイエローやマローはコーディネートの主役に。

Outer

ムーンストーン　グレーミスト

ブルー系がどのインナーにも合わせやすくておすすめ。ムーンストーンはゴージャスな雰囲気に。

Bag

インディゴ　スカイブルー

さし色のスカイブルーは、ベーシックな色のコーディネートのスパイスにおすすめです。

Shoes

スカイグレー　ストロベリー

ストロベリーの靴をシンプルなコーデに合わせて、フェミニンな印象に。

オータムタイプ

Autumn
type

【 オータムタイプの特徴 】

深みのある
こっくりした色が似合う

黄みがかったベージュ系の肌を持っているのがオータムタイプ。秋のようなこっくりした、深みのある色がよく似合います。

★ ★ ★
このタイプの有名人
北川景子、長谷川潤、
加藤綾子、安室奈美恵、
天海祐希

ヘア
ダークブラウンから黒髪に近い、深い茶系。

目
ダークブラウン系の色。目の印象は強く、白目と黒目のコントラストはやや弱め。

頬
赤くなりにくく、オレンジ系のチークがよく似合う。

口唇
オレンジ系の色。人によりくすみがかっている。

肌
象牙のような、やや冷たい、黄味がかった色。スプリングより濃い肌色をしている。

オータムタイプ

Autumn type

① アプリコット　② サーモンピンク　③ カーディナル　④ カッパーレッド　⑤ アゲット　⑥ スイートコーン
⑦ サフランイエロー　⑧ ゴールド　⑨ パンプキン　⑩ ダスティーオレンジ　⑪ パプリカ　⑫ スパイシーオレンジ
⑬ グリーンマスカット　⑭ ジェイドグリーン　⑮ サバンナ　⑯ オリーブグリーン　⑰ モスグリーン　⑱ ジャングルグリーン
⑲ ナイルブルー　⑳ ティールブルー　㉑ ブルーブラック　㉒ プラム　㉓ クロワッサン　㉔ ブラウンシュガー
㉕ マロン　㉖ カフェモカ　㉗ ビターチョコレート　㉘ モスグレー　㉙ アッシュグレー　㉚ バニラホワイト

〈パーソナルカラー診断／Autumn〉

— カラー診断ではこう見える！ —

スプリングをあてると…　　サマーをあてると…　　ウインターをあてると…

顔映りは悪くありませんが、顔立ちがのっぺりとして見えます。

顔色が悪くなり、寝不足のようなどんよりとした印象になります。

色と顔がまったくなじまないため、ちぐはぐで落ち着かない印象になります。

オータムタイプ

Autumn type

【 似合うメイクカラー 】

オータムタイプにおすすめのメイクカラーを紹介します。
ファンデーションなどのベースになるものは、首の色に合わせて選びましょう。

アイカラー（ベーシック色）

ビターチョコレート

カフェモカ

ブルーブラック

ベーシックカラーは、イエローベースの茶やグリーン系、やや青みがかった黒色も似合います。

アイカラー（さし色）

ジェイドグリーン

サフランイエロー

サーモンピンク

こっくりしたイエローやピンクがお似合い。シンプルなメイクにはサーモンピンクが◎。

リップカラー

パプリカ

カッパーレッド

アゲット

オレンジ系の濃い赤色がよく似合います。パプリカは明るい印象が作れます。

チークカラー

ダスティーオレンジ

サーモンピンク

オレンジ系やイエロー系のピンクが◎。ダスティーオレンジはヘルシーに、サーモンピンクはやさしげになります。

ネイルカラー

サーモンピンク

バニラホワイト

オリーブグリーン

やさしい印象になれるバニラホワイトで手元を軽やかに。オリーブグリーンはクールなイメージ。サーモンピンクでかわいさも作れます。

ヘアカラー

ビターチョコレート

カフェモカ

あたたかみのある濃いめの色が似合います。明るくしたい場合は、オレンジ系カラーを選びましょう。

オータムタイプ
Autumn type

持っていると
とっても便利！

【 コーディネートカラー 】

オータムタイプが持っていると使えるアイテムカラーを紹介します。
合わせやすい色なので、コーディネートの参考に。

Tops

（ベーシック色）　　　　　（さし色）

バニラホワイト　モスグレー　ビター　　　サーモンピンク　ゴールド
　　　　　　　　　　　　　チョコレート

バニラホワイトやモスグレーなどのやわらかな色のトップスなら、さし色ボトムスを合わせるのがおすすめ。ピンクやゴールドは顔まわりを明るくします。

Bottoms

（ベーシック色）　　　　　（さし色）

  　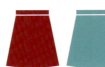

ビター　　ブラウン　アッシュグレー　　アゲット　ナイルブルー
チョコレート シュガー

こっくり系のさし色ボトムスが、コーデを華やかにまとめます。淡い色のトップスと合わせると重くなりすぎずおすすめ。

Outer

クロワッサン　サフランイエロー

クロワッサンはトレンチコートにぴったり。重くなりがちなオータムカラーが軽やかにまとまります。

Bag

ブラウンシュガー　カッパーレッド

暖色系の小物をさし色にして、明るいイメージのコーデに仕上げて。カッパーレッドは女らしさをアップさせます。

Shoes

ブルーブラック　バニラホワイト

ブルーブラックはコーデのしめ色に。バニラホワイトは足元を軽やかに見せたいときにおすすめ。

〈パーソナルカラー診断／Autumn〉

Winter type
ウインタータイプ

【 ウインタータイプの特徴 】

はっきりとした
メリハリのある色が似合う

青みがかった肌を持っているウインタータイプ。ビビッドで、きりりとした冷たさのある色がよく似合います。

★ ★ ★
このタイプの有名人
黒木メイサ、剛力彩芽、夏目三久、小雪、柴咲コウ

目
真っ黒で、瞳の中の境界が見えない。目の印象は強く、白目と黒目のコントラストもはっきりしている。

ヘア
茶色味が少なく、ほとんどの人が真っ黒。カラーも黒系がよく似合う。

口唇
赤い色をしている。肌との境界線もはっきりしている。

頬
やや青みがかったピンク色をしている。チークはイエロー系よりもブルー系のピンクが似合う。

肌
色白の人は透けるような白さを持っている。日焼けをすると、くすんだグレーっぽい茶色になる。

ウインタータイプ
Winter *type*

① パールピンク ② オーキッド ③ カメリアピンク ④ チェリーピンク ⑤ フューシャ ⑥ マグノリア
⑦ インペリアルレッド ⑧ ワインレッド ⑨ グレープワイン ⑩ クリスタルバイオレット ⑪ バイオレット ⑫ ロイヤルパープル
⑬ モーニングミスト ⑭ パシフィックブルー ⑮ ブリリアントブルー ⑯ オリエンタルブルー ⑰ ラピスラズリ ⑱ ミッドナイトブルー
⑲ クリスタルグリーン ⑳ マラカイト ㉑ ビリヤードグリーン ㉒ ブリティッシュグリーン ㉓ ムーンライト ㉔ カナリーイエロー
㉕ クリスタルベージュ ㉖ バーガンディ ㉗ シルバーグレー ㉘ チャコールグレー ㉙ ミステリアスブラック ㉚ スノーホワイト

〈 パーソナルカラー診断／Winter 〉

―― カラー診断ではこう見える！ ――

スプリングをあてると…	サマーをあてると…	オータムをあてると…

顔色が黄色っぽくくすみ、品のない印象に見えます。	顔映りは悪くありませんが、ぼんやりとして垢抜けない印象になります。	顔色がくすんで色黒の印象になるか、色白の人は顔色が悪くなります。

【 似合うメイクカラー 】

ウインタータイプにおすすめのメイクカラーを紹介します。
ファンデーションなどのベースになるものは、首の色に合わせて選びましょう。

アイカラー（ベーシック色）

シルバーグレー　　チャコールグレー　　バーガンディ

深いカラーはメリハリのあるメイクが似合うウインターにおすすめです。

アイカラー（さし色）

オーキッド　　マグノリア　　パシフィックブルー

やさしいイメージにしたいときは、オーキッドを。マグノリアは色っぽさを出したいときにおすすめです。

リップカラー

チェリーピンク　　カメリアピンク　　オーキッド

ブルー系ピンクが肌の色に映えます。青みピンクでかわいらしい雰囲気が作れます。

チークカラー

フューシャ　　カメリアピンク

リップと同様、ブルー系のピンクを選びましょう。明るめのピンクが、肌の血色をよくします。

ネイルカラー

クリスタルベージュ　　シルバーグレー　　インペリアルレッド

深い色のレッドがよく似合います。ベーシックにまとめるなら、ベージュ系、グレー系カラーを。

ヘアカラー

バーガンディ　　チャコールグレー

暗めの色がウインターの魅力を引き立てます。明るくしたいなら、濃い茶系か青みが入ったアッシュ系を選びましょう。

ウインタータイプ
Winter type

> 持っていると
> とっても便利！

【 コーディネートカラー 】

ウインタータイプが持っていると使えるアイテムカラーを紹介します。
合わせやすい色なので、コーディネートの参考に。

Tops

（ ベーシック色 ）　　　　　（ さし色 ）

スノーホワイト　シルバーグレー　バーガンディ　　クリスタル　　チェリーピンク
　　　　　　　　　　　　　　　　　　　　　　バイオレット

メリハリのある色を選びましょう。雪のような真っ白やブラックの茶系を選ぶとファッションがしまります。

Bottoms

（ ベーシック色 ）　　　　　（ さし色 ）

シルバーグレー　チャコール　ミステリアス　　パールピンク　ブリティッシュ
　　　　　　　　グレー　　　ブラック　　　　　　　　　　　　グリーン

グリーンをボトムスに投入すれば、やさしげな印象のコーディネートが作れます。パールピンクはイメージチェンジのさし色にぴったり。

Outer　　　　　　　　## Bag

　　　　　　　　　　　　　　　　シルバー　　ブリリアント
　　　　　　　　　　　　　　　　グレー　　　ブルー

明るめのグレーが、コーデを軽やかにまとめるのに役立ちます。ブルーをさし色にして華やかに。

チャコールグレー　マグノリア

Shoes

ミッドナイト　チェリーピンク
ブルー

グレー系が、重くなりすぎずおすすめです。
マグノリアはベーシックなコーデのさし色に。

クールな雰囲気になりがちなので、かわいいチェリーピンクのパンプスを持つのも◎。

COLUMN

パーソナルカラーで
ベージュ、ピンク、ブラウンが似合う人に！

**難しいニュアンスカラーも
パーソナルカラーで着こなせる**

コーデに取り入れれば一気に女性らしさがアップする、ベージュ、ピンク、ブラウン。この3色は、色の幅があるので、似合う色の判別が難しいカラーですが、パーソナルカラーを知っていれば、自分にぴったりの色が見つかります。

Beige ベージュ

どんなアイテムにも取り入れやすい一方、地味になりがちな面も。パーソナルカラーのベージュなら、おしゃれ度がアップします。

Spring	Summer
ビスコッティ	シャンパン

Autumn	Winter
クロワッサン	クリスタルベージュ

Pink ピンク

フェミニンで可憐な雰囲気が作れるピンク。似合う色を身につければ、甘すぎず、大人っぽい雰囲気も出せます。

Spring		Summer	
ピーチピンク	カーネーションピンク	ベビーピンク	スイートピー

Autumn		Winter	
アプリコット	サーモンピンク	オーキッド	カメリアピンク

Brown ブラウン

ブラックよりもやさしい雰囲気の、しまりカラー。重たくなりがちな色ですが、パーソナルカラーなら、すっきりかっこよく着こなせます。

Spring		Summer	
アーモンド	コーヒーブラウン	ローズブラウン	ココア

Autumn		Winter	
ビターチョコレート	マロン	バーガンディ	明るめのバーガンディ

Part 3

\ 骨格 × パーソナルカラータイプ別 /

自分に似合う
アイテム & コーディネートが
わかる！

骨格とカラータイプ別に着回し力のあるアイテムを紹介。
コーディネート例も多数掲載しています。
これでもう、毎日の服選びに悩まない！

\ たくさんあればいい /
わけではない！
本当に使える服の選び方

「似合う」「使える」アイテムがあれば、少なくても大丈夫！

服はたくさんあるはずなのに、毎日コーデが決まらない…。そんな人が多いようです。本当におしゃれな人は、少ない服でも上手に着こなし、いつも新鮮な印象を作ることができます。カギは、「自分に似合う」「着回し力の高い」服を持っているかどうか。骨格診断とパーソナルカラーを生かし、似合って使える服を手に入れれば、余分な服を持たずにおしゃれが実現します。

似合う服
だけあれば
OK

\ 持っておきたい定番アイテム /

【基本の12着】

着回し力の高い定番服を骨格タイプ別に紹介します。パーソナルカラーのおすすめ色も提案しているので、両方取り入れれば完ペキ！

▶ P.76〜

Basic Item

コーデしやすい！

＼ パーソナルカラー別 ／
おすすめ色

| 30 | 30 | 30 | 30 |
| スプリング | サマー | オータム | ウインター |

\ コーデの幅を広げるアイテム /

【プラスの6着】

基本の12着にプラスすることで、コーディネートの幅がぐんと広がるアイテムです。これでおしゃれ上級者に見えちゃう！

+6 Item

おしゃれ度が
レベルアップ

↓

本当に似合う
24コーデが完成！

Best Coordinate !

Straight
ストレートタイプ
▶ P.110

Wave
ウェーブタイプ
▶ P.124

Natural
ナチュラルタイプ
▶ P.138

BASIC ITEM 1

[T-SHIRTS]
Tシャツ

Tシャツは夏は1枚で、冬はインナーにと着回し力No.1のアイテム。骨格に合ったものを持っていると、コーディネートの幅が広がります。

「えり」、「袖」の形と素材で見極めて

Tシャツはえりの開き具合と袖のデザインがポイント。素材は、綿、レーヨン、麻など。厚手かうす手かも見極めて似合うタイプを選びましょう。

深めのネックライン

首まわりが広く開いたものを選びましょう。だぼっとせず、ぴたっとせず、ほどよいサイズ感。

Straight
ストレート

しっかりした素材

透け感のあるうす手のもの、やわらかいものは避け、しっかりとした生地を選びましょう。

使えるポイント

きれいめコーデにも使える優秀アイテム◎
→P.112

30 スプリング / 30 サマー / **30 オータム** / 30 ウインター

MONROW/
FASHION PEAKS

ウェーブ

使えるポイント

カーデとの合わせ技で表情をかえて
→P.127

スプリング　サマー　オータム　ウインター

袖丈は短めに
袖が短くて華奢な腕を見せるデザインが◎。フレンチスリーブやパフスリーブもおすすめです。

うす手かストレッチ
コンパクトなサイズ感がポイント。うす手でやわらかいレーヨンや、体にフィットする、ストレッチ素材を選びましょう。

MONROW/FASHION PEAKS

Natural
ナチュラル

大きめのサイズ感
ユニセックスに着られる、ゆったりサイズがよいでしょう。袖はロールアップしても◎。

メンズライク
ざっくりとした風合い、直線的なラインで作られた、メンズライクな形が似合います。

使えるポイント

ジャケットのインナーにもOK！ほどよいラフコーデに→P.145

BYMITY

スプリング　サマー　オータム　ウインター

〈BASIC ITEM 1〉

BASIC ITEM 2

[CUT&SEWN]
カットソー

カットソーは、1枚でも重ね着にも重宝する優秀アイテム。柄や素材の違いでバリエーションが豊富なので、似合うタイプを見極めましょう。

厚みと素材に注目

種類が多いカットソーは、素材により似合う似合わないが大きく変わります。厚手、うす手、やわらかめ、しっかりめなどの素材の質感を見て、似合うものを探しましょう。

厚手の素材
ストレートタイプのメリハリ体型に負けない、厚みのあるしっかりした生地を。

Straight
ストレート

まっすぐシルエット
腕や身頃の直線的なシルエットで、気になる上半身のボリュームをすっきり見せられます。

柄の選び方
ボーダー柄は、幅が細すぎないもの、色のコントラストが強いものを選んで→P.113

スプリング　サマー　オータム　ウインター

SAINT JAMES／SAINT JAMES 代官山

〈BASIC ITEM 2〉

ウェーブ

うすめの素材
ストレッチの効いた素材、もしくはレーヨンなどのうす手のものを選びましょう。

ぴったりシルエット
体のラインが出るものが似合います。小さめのサイズで、ゆったりしないものを選んで。

使えるポイント
スカートにインするのがおすすめ→P.127

29 28 20 26
スプリング サマー オータム ウインター

MONROW/FASHION PEAKS

ナチュラル

ゆったりデザイン
肩の力を抜いたような、ゆったりとしたデザインが似合います。ネックラインは開きが浅いものを選びましょう。

ざっくりした風合い
リネン素材やシワが入ったものが似合います。きれいめになりすぎないものを選びましょう。

使えるポイント
ニュアンスカラーの組み合わせで、こなれ感あるコーデに→P.141

22 26 28 27
スプリング サマー オータム ウインター

GU

BASIC ITEM 3

[SHIRTS]
シャツ

さわやかな白シャツは、きちんと感がアップする大人のアイテム。好感度アップも狙えるので、ぴったりの1枚を持っておきましょう。

まずは素材に注目して

同じ白シャツでも、素材で雰囲気がまったく違います。ストレートタイプはしっかりした素材、ウェーブタイプはやわらかめの素材、ナチュラルタイプはざっくりした素材を選ぶとよいでしょう。

肩のラインが合う

かっちりと着たいシャツは、大きすぎず、小さすぎないちょうどいいサイズを選びます。肩のラインが合うかを確かめて、きれいめに着こなせるものを。

YANUK/カイタックインターナショナル

Straight
ストレート

しっかりした生地

上質で、しっかりした生地を選びます。パリッとのりの効いたシャツがよく似合います。体に沿うようなやわらかい素材は避けましょう。

使えるポイント

ゆったりアイテムと合わせて、リラックスコーデにもOK→P.114

| 30 | 30 | 30 | 30 |
| スプリング | サマー | オータム | ウインター |

ウェーブ

やわらかとろみ素材
とろみや透け感のある素材で、適度に体のラインが出るようなデザインがおすすめです。

うす手の素材
シャツが苦手なウェーブタイプも、ブラウスタイプなら◎。ノーカラーなら、長い首を気にせず、すっきり着ることができます。コンパクトな形を選んで。

FABIA/
オットージャパン

使えるポイント

スカートと合わせて、上品なガーリーコーディネートに→P.128

〈BASIC ITEM 3〉

Natural

ナチュラル

ざっくり感のある開き
オーバーサイズのシャツで、えりまわりがゆったりした開きのものを選んで。

粗めの麻か綿
洗いざらしのようなざらっとした肌触りの素材のものを。リネンシャツも似合います。

&.NOSTALGIA

使えるポイント

ラフな小物と合わせれば、こなれ感のあるコーデが作れます→P.142

BASIC ITEM 4

[BLOUSE]

ブラウス

1枚で着てさまになる、きれいめなデザインが多いブラウス。コーデの主役になることが多いので、似合うものを持っていると安心です。

デザインの違いを見て

ストレートタイプは直線的、ウェーブタイプは華やか、ナチュラルタイプはゆとりのあるデザインを選びましょう。素材もそれぞれの特徴を生かして。

深めのVネック
首が短めのストレートタイプには胸元が大きく開く、深めのVネックデザインがマッチ。

ハリのある素材
ハリのある素材を選ぶのがマスト。綿が入ったものならハリがでておすすめです。

Straight
ストレート

直線的なライン
ドレープやギャザーなどの入っていないまっすぐなラインが、体をすっきり見せます。

使えるポイント
タイトスカートを合わせて、体がきれいに見えるシルエットを作って→P.116

スプリング　サマー　オータム　ウインター

MOROKO BAR/MOROKO BAR 六本木ヒルズ店

― ウェーブ ―

使えるポイント

タイトスカートで、甘さをおさえたきれいめスタイルに→P.132

スプリング　サマー　オータム　ウインター

〈BASIC ITEM 4〉

ボートネック

ボートネックデザインは、ウェーブの美しい鎖骨のラインを自然に見せられるのでおすすめです。

レース素材

レース地やシフォンなど、華やかさとやわらかさを兼ね備えた生地を選びましょう。

FABIA/オットージャパン

― ナチュラル ―

シャツ風

フェミニンなブラウスよりも、えりのあるメンズライクなシャツ風デザインが似合います。ざっくりした素材が◎。

変形デザイン

前と後ろでデザインの違うようなものも、ナチュラルタイプならさらりと着こなせます。

FABIA/オットージャパン

使えるポイント

明るいボトムと合わせた、華やかなコーデに→P.144

スプリング　サマー　オータム　ウインター

BASIC ITEM 5

[KNIT]

ニット

着膨れしがちなニットも、似合う素材とデザインを知っていれば大丈夫。体のラインを美しくみせる1着を見つけましょう。

えりの形からチェック

Vネック、ラウンドネック、タートルネック、それぞれネックラインに注目して。素材も特徴あるものを合わせて、より似合うニットを手に入れましょう。

Straight
ストレート

深めVネック
首が短めの人が多いので、深めのVネックで首まわりをすっきり、長く見せましょう。

編み目の詰まったハイゲージ
素材はきれいめに見える、編み目が詰まったハイゲージを選ぶのが正解。

上質素材
デザインがシンプルでも、高品質なカシミアやウールには存在感があるのでおすすめです。

使えるポイント
Vネックが主役の、ストレートに似合うきれいめコーデに◎→P.118

22	26	28	27
スプリング	サマー	オータム	ウインター

GU

ウェーブ

使えるポイント

やわらか素材もパンツと合わせればクールスタイルが作れます→P.130

MOROKO BAR/MOROKO BAR 六本木ヒルズ店

横に開いたえり
ネックラインはラウンドが似合います。袖は細い手首が自然に出せる、七分丈がおすすめ。

ふんわり素材
アンゴラやモヘアなど、ふんわりしたやわらかな質感で、さみしくなりがちな上半身にボリュームを。

長すぎない丈
腰骨より上のラインにくる丈を選ぶと、下半身とのバランスがよくなります。

〈 BASIC ITEM 5 〉

22 スプリング　26 サマー　28 オータム　27 ウインター

FABIA/オットージャパン

タートルネック
タートルネックやオフタートルが、ナチュラルタイプの首まわりの骨感をカバー。

編み目のゆるいローゲージ
目が詰まっていないローゲージ、ざっくりとしたリラックス感のあるものが◎。

フレアシルエット
ゆったりして見えるサイズ感が重要。裾が長いフレアシルエットがきれいに見えます。

ナチュラル

使えるポイント

重ね着コーデにも使えます→P.147

30 スプリング　30 サマー　30 オータム　30 ウインター

BASIC ITEM 6

[CARDIGAN]
カーディガン

レイヤードスタイルに欠かせないカーディガンは、着こなし次第でコーデの主役にもなります。サイズや素材、丈にもこだわって。

丈で差がつくアイテム

素材、形のほか、丈の違いで、骨格ごとに差がつくカーディガン。短め、長め、ちょうどいい、お似合いの丈をおさえておきたいアイテムです。

Vネック
スタンダードなデザインで、きちんと感を。深めのVゾーンで胸元がすっきり見えます。

ハイゲージ
編み目の詰まったハイゲージ。細かい目で上品な着こなしに。

ストレート

腰にかかる丈
腰にかかる、短すぎず長すぎない丈が、上半身をコンパクトに見せます。

使えるポイント
ボタンをとめてVネックニット風に着てもOK
→P.119

 25 スプリング
 28 サマー
 27 オータム
18 ウインター

UNIQLO

ウェーブ

使えるポイント

はおりかた次第で、いろんな印象が作れるアイテム→P.127

スプリング サマー オータム ウインター

〈BASIC ITEM 6〉

クルーネック
クルーネックデザインが、首から鎖骨にかけての華奢なラインを美しく見せます。

短め丈
腰骨にかかるか、それより短い丈が、ウエストのメリハリを作って好バランス。短め丈で足長効果も期待できます。

OLD ENGLAND/ナイツブリッジ・インターナショナル

Natural

ナチュラル

使えるポイント

シャツにはおるだけで、ほどよいラフ感を演出→P.145

スプリング サマー オータム ウインター

ローゲージ
ざっくりしたローゲージがおすすめです。しっかりした骨格をやさしくカバーします。

ロング丈
バランスの難しいロング丈がかっこよくキマります。中でも、はおるタイプのガウンが◎。

GU

BASIC ITEM 7

[JACKET]
ジャケット

フォーマルにもカジュアルにも合わせられる優秀なジャケット。ぴったりのデザインで、かっこよく着られるものを見つけましょう。

デザインと サイズをチェック

大きすぎても、小さすぎても違和感が出やすいのがジャケット。まずは似合うサイズかをチェック。デザインのディテールも注目要素です。

深めのVゾーン

VゾーンとシングルデザインでVのラインを作れば、すっきり&スマートに着こなせます。

Straight
ストレート

定番デザイン

ポケットが目立たず、お尻が隠れるくらいのミディアム丈のテーラードがベストバランス。

使えるポイント

ラフなコーデにはおるだけで、簡単にクラス感がアップ→P.117

スプリング サマー オータム ウインター

THE SUIT COMPANY/
ザ・スーツカンパニー 銀座本店

ウェーブ

使えるポイント

ゆるめなコーデに合わせれば、引きしめ役に
→P.133

スプリング　サマー　オータム　ウインター

〈BASIC ITEM 7〉

浅めのVゾーン
シングルデザインでVゾーンが浅いものを選びましょう。えりは小さめが似合います。

ショート丈＆タイトシルエット
短め丈のコンパクトな作りが似合います。ウエストが絞られたデザインだと◎。

THE SUIT COMPANY／
ザ・スーツカンパニー 銀座本店

ラウンドカット
ウェーブタイプは裾の形が丸いものが断然お似合い。ウエスト位置を強調してバランスがよくなります。

Natural

ナチュラル

ボックスシルエット
ゆったりしたサイズのもので、ウエストの絞りがゆるいボックスシルエットが合います。

深めのポケット
ポケットが外側の高い位置についているデザインがおすすめ。丈の長さを強調できます。

使えるポイント

Tシャツにはおれば、きれいめでこなれた雰囲気に→P.145

MOROKO BAR／
MOROKO BAR 六本木ヒルズ店

スプリング　サマー　オータム　ウインター

BASIC ITEM 8

[TIGHT SKIRT]
タイトスカート

オフィスにもOKなシンプルなタイトスカートは、毎日のコーディネートに活躍する、使いやすさ抜群のアイテム。

丈と素材がポイント

タイトスカートは3タイプすべて◎のアイテム。丈と素材の違いで、似合うか似合わないかが決まります。

厚めな上質素材

やわらかい質感は避け、ウールやレザーなどのしっかりした生地を選びましょう。

Straight
ストレート

ひざ上丈

まっすぐな足を生かすひざ上がGOOD。短すぎないように注意。

使えるポイント

カジュアルアイテムに合わせて、ほどよいきれいめ感を演出→P.113

 スプリング 25
 サマー 29
 オータム 27
 ウインター 29

THE SUIT COMPANY/
ザ・スーツカンパニー 銀座本店

ウェーブ

使えるポイント
Tシャツを合わせても
フェミニンにまとまる
→P.126

スプリング 30 / サマー 23 / オータム 23 / ウインター 27

伸縮性のある素材
似合うのはストレッチの効いた綿やうす手のウール。ファンシーツイードも◎。

ひざ下丈
ひざのお皿のちょうど真下くらいがGOOD。もしくはひざ上10cmくらいも似合います。

GU

ナチュラル

コーデュロイ
デニムやスエード、コーデュロイなど、厚手で風合いのある素材のものが好相性です。

ミモレ丈
ひざの骨が目立ちやすいナチュラルタイプには、ミモレ丈が似合います。

Sov./フィルム

使えるポイント
コーデュロイ素材ならカジュアルコーデを上品にまとめられる→P.147

スプリング 29 / サマー 29 / オータム 27 / ウインター 28

〈BASIC ITEM 8〉

BASIC ITEM 9

[LONG SKIRT]
ロングスカート

小柄だから似合わないと思っている人が多いですが、そんなことはありません。骨格ごとに似合うポイントをおさえましょう。

素材とデザインで似合わせて

ロングスカートは、微妙な丈の違いをおさえて、素材とデザインで似合わせれば、スタイリッシュに着こなせます。

Straight
ストレート

形はストレート
太ももやふくらはぎを上手に隠せる、ストレートシルエットを選びましょう。

マキシ丈
ストレートタイプには腰の位置が高い人が多いので、マキシ丈で脚長効果を狙えます。

使えるポイント
カジュアルデザインもシャツを合わせればきれいめに→P.114

14 スプリング　23 サマー　15 オータム　27 ウインター

UNIQLO

Wave
ウェーブ

使えるポイント
コンパクトなジャケットを合わせ、足長効果を狙って→P.133

スプリング 3　サマー 1　オータム 1　ウインター 1

Sov./フィルム

シフォン素材
ふんわりシフォン素材を選べば、ウェーブタイプが苦手なロング丈も軽やかな印象に。

プリーツデザイン
長めの丈には重くならない、プリーツデザインが◎。繊細なラインがウェーブタイプにぴったり。

ミモレ丈
長すぎず、ふくらはぎくらいがベター。足首が見えるものを選んで。

〈BASIC ITEM 9〉

Natural
ナチュラル

GOUT COMMUN/
グランカスケードインク

カジュアルめな生地
綿とレーヨンの混ざった、カジュアルな生地で、しっかりした骨格を上手にカバーします。

マキシ丈 くるぶし丈
大きめ、長めが得意なナチュラルタイプ。マキシ丈や、くるぶしが少し見える丈が足元を軽やかに見せます。

使えるポイント
きれいめデザインにはラフな小物をプラスしたコーデが◎→P.142

スプリング 9　サマー 6　オータム 3　ウインター 8

BASIC ITEM 10

[PANTS]
パンツ

さまざまな形があるパンツは、骨格ごとに似合うシルエットを知っておいて。美脚に見えるぴったりな1枚を持っておきましょう。

幅と丈をチェック

美脚に見えるシルエットのポイントは、幅と丈。裾の幅が広いか、狭いか、似合う形をおさえて。丈もベストなバランスを確認しておきましょう。

しっかりした生地

しっかりした生地と、裾の折り返しのないベーシックなシングルデザインが◎。

Straight
ストレート

まっすぐな裾幅

幅はスタンダードなまっすぐタイプが得意。センタープレス入りやストライプ生地だと、縦のラインが強調されてGOOD。

スタンダードな丈

足首が見えず、長すぎない丈がバランスよく見えます。

OLD ENGLAND/
ナイツブリッジ・インターナショナル

使えるポイント

Tシャツを合わせた、カジュアルコーデにも◎
→P.112

22	26	29	28
スプリング	サマー	オータム	ウインター

テーパードパンツ

太もも部分はゆとりがあり、裾に向かって細くなっていくテーパードパンツがおすすめ。

クロップド丈

重心を上に見せるクロップド丈はウェーブタイプと相性抜群です。

THE SUIT COMPANY/
ザ・スーツカンパニー 銀座本店

&.NOSTALGIA

使えるポイント

ファーやシフォンなど異素材と合わせて→P.137

27 24 29 28
スプリング サマー オータム ウインター

Natural
ナチュラル

幅広のパンツ

ワイドやガウチョといった、幅広で裾に重量感があるようなシルエットがいいでしょう。

フルレングス丈

足首までのフルレングスが得意なナチュラルタイプ。足首をすっきり見せたいときは短めのガウチョでもOK。

使えるポイント

カジュアル小物と合わせてナチュラルタイプに似合う雰囲気に→P.141

28 24 24 26
スプリング サマー オータム ウインター

BASIC ITEM 11

[DENIM]
デニム

カジュアル度の高いデニムを得意としない骨格タイプもありますが、素材と形をおさえればぴったりなものが見つかります。

シルエットをチェック

シルエットが似合うポイント。ストレートは肉感を拾わないもの、ウェーブは重くならないぴたっと感、ナチュラルはカジュアルでラフな印象のものが◎。

厚手のきれいめ素材

ハリのある厚手のきれいめデニムを選べば、脚の形が出ることなく、きれいなラインを作れます。

KORAL/
FASHION PEAKS

Straight
ストレート

ストレートデニム

太ももやふくらはぎがむちっとしがちなため、脚をまっすぐに見せるストレートがおすすめ。

使えるポイント

デニムトップスを合わせた、ストレートタイプならではのコーデ→P.115

25　17　21　18
スプリング　サマー　オータム　ウインター

Wave

ウェーブ

使えるポイント

ブラウスとの合わせで、ウェーブタイプに似合う雰囲気を作って→P.129

〈BASIC ITEM 11〉

スキニーデニム

デニムが苦手なウェーブタイプ。シルエットは断然スキニーがおすすめです。ストレッチややわらかい生地が◎。

クロップド丈

足元をすっきり見せる、クロップド丈がグッドバランス。

KORAL/FASHION PEAKS

ボーイフレンドデニム

ボーイフレンドデニムのラフさ、バギーパンツのような幅広シルエットが似合います。

色落ち加工

ダメージ、色落ち、クラッシュ加工などのくせのあるデザインも、スタイリッシュに着こなせます。

YANUK/カイタックインターナショナル

Natural

ナチュラル

使えるポイント

ナチュラルタイプだから着こなせる、リラックススタイルに→P.141

BASIC ITEM 12

[ONE-PIECE DRESS]

ワンピース

さまざまなシーンに対応できるので、1枚あると何かと便利。相性のいいデザインを身にまとえば、あなたの魅力を引き立ててくれます。

美シルエットを見極めて

ワンピースは着たときにシルエットが美しく見えるかがポイント。ストレートはシャツデザインがおすすめ。ウェーブはフィット＆フレア、ナチュラルはゆったりしたものを選びます。

ジャストサイズ

ゆったり、ぴったりしすぎない、ジャストなサイズ感が似合います。丈はひざ上がベストバランス。

Straight
ストレート

28 スプリング　18 サマー　7 オータム　9 ウインター

シャツワンピース

ストレートタイプのメリハリある体には、かっちりした印象のデザインが好相性です。

裾はすっきりした形

ストレートタイプはフレアスカートが苦手なので、ワンピースの場合もすとんと落ちた裾を選ぶのが正解。

UNIQLO

Wave

ウェーブ

スプリング　サマー　オータム　ウインター

〈BASIC ITEM 12〉

フィット＆フレア ワンピース
華やかさが格段に上がる、フィット＆フレアデザインがおすすめ。ノースリーブでウェーブの華奢さを強調して。

ウエストはぴたっと
細いウエストがしっかり強調できるデザインを選びましょう。切り替えが高い位置にあるものがおすすめ。

ふんわり広がる裾
華やかなデザインが似合うので、フレア調の裾がおすすめです。ひざ下丈くらいがバランスよく見えます。

Sov./フィルム

Natural
ナチュラル

スプリング　サマー　オータム　ウインター

ゆったりデザイン
フレアになったニットワンピースや、すとんとしたサックワンピースがよく似合います。

ざっくりニット
目が詰まりすぎないざっくりしたニットなら、ナチュラルタイプの質感になじみます。

裾にボリューム
着丈はひざ下かロング丈を選びます。裾にボリュームのあるようなデザインが◎です。

&.NOSTALGIA

OTHER BASIC ITEM

[WOOL COAT]
ウールコート

種類が豊富なウールコート。デザイン、ディテール、サイズ感など、似合うポイントをしっかりおさえて冬コーデをワンランクアップさせましょう。

デザインにこだわって

えりや裾の形、ボタンなどさまざまなデザインがあるウールコート。ストレートならチェスター、ウェーブならAライン、ナチュラルはダッフルがおすすめなデザインです。

直線的なライン
すとんとした、直線的なシルエット、ほどよいかっちり感のあるものが似合います。

Straight
ストレート

シンプルデザイン
チェスターコートのような、飾りの少ないすっきりしたデザインが似合います。

使えるポイント
シンプルなデザインが、得意のきれいめコーデにぴったりです→P.122

27	26	24	27
スプリング	サマー	オータム	ウインター

BEAUTY&YOUTH

Wave

ウェーブ

使えるポイント

華やかさを足したいときは、ファーストールを合わせて→P.136

スプリング サマー オータム ウインター

華奢な首元をアピール

きれいなネックラインを強調する、首元が開きすぎないラウンドネックが◎。

Aラインコート

ミニ丈かひざ下丈でフェミニンな印象のAラインデザインが似合います。素材もやわらかい質感のウールやアンゴラが◎。

Mashu Kashu/GSIクレオス

Natural

ナチュラル

ダッフルコート

カジュアルな雰囲気のダッフルコートがよく似合います。ほかに、ゆったりしたムートンコートやラップコートも◎。

大きめサイズがおしゃれ

オーバーサイズでユニセックスなデザインがぴったり。ざっくりとラフに着られるサイズを選びましょう。

使えるポイント

きれいめスカートに合わせて上品カジュアルに→P.150

スプリング サマー オータム ウインター

OLD ENGLAND/ナイツブリッジ・インターナショナル

〈 OTHER BASIC ITEM 〉

[TRENCH COAT]
トレンチコート

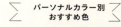
パーソナルカラー別
おすすめ色

26 スプリング / 18 サマー / 23 オータム / 18 ウインター

イギリス生まれのトレンチコートは、メンズライクなデザインが特徴。流行や年齢に関係なく長く着られるので、自分に合った1着を見つけて。

Straight
ストレート

綿素材
体の厚みが隠れる、厚手でしっかりしたハリのある、綿素材を選びましょう。

正統派デザイン
デザイン性のあるものより、スタンダードな形がよく似合います。丈はひざくらいがベター。

THE SUIT COMPANY/
ザ・スーツカンパニー 銀座本店

やわらか素材
やわらかい肌質に合う、うす手の綿かポリエステルが◎。

短め丈
下半身がすっきり見える、短め丈を。ベルトを高めの位置で結んでくびれも強調。

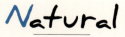

THE SUIT COMPANY/
ザ・スーツカンパニー 銀座本店

Wave
ウェーブ

大きめ&ロング丈
なるべく大きな、ロング丈のゆったり着られるものを。ベルトはゆるめに結んで。

メンズライクなデザイン
かっちりしすぎない、カジュアルでメンズライクなデザインが似合います。

Natural
ナチュラル

OLD ENGLAND/
ナイツブリッジ・インターナショナル

[DOWN COAT] ダウンコート

パーソナルカラー別おすすめ色
25 スプリング / 25 サマー / 21 オータム / 29 ウインター

あたたかくて軽いことで、人気のアイテム。カジュアルになりがちなので、やぼったくならないようにするのがポイントです。

〈 OTHER BASIC ITEM 〉

Straight
ストレート

ベーシックな形が◎
ボリュームの出にくい、すとんとしたシンプルなデザインがベストマッチ。

狭いステッチ幅
着膨れしにくくすっきり見える、ステッチ幅の狭いタイプがおすすめ。

DUVETICA/F.E.N.

Wave
ウェーブ

ファーつき
顔まわりにボリュームが出るようなデザインが◎。

短め丈
腰骨あたりくらいの短め丈がグッドバランス。

Bershka

Natural
ナチュラル

スポーティデザイン
アウトドアでも使えそうな、カジュアルでスポーティなデザインが似合います。

ロング丈
ひざ丈くらいの長めで、ボリュームがあるものを。フードも大きめが似合います。

Bershka/ベルシュカ・ジャパン カスタマーサービス

OTHER BASIC ITEM

[ACCESSORIES]
アクセサリー

コーディネートに華を添えるアクセサリーは、骨格を意識して自分に似合ったものを身につければ、いつもの装いをランクアップさせます。

Straight
ストレート

時計
フェイスは円形か長方形、22mmくらいの標準サイズ。ベルトはシンプルなレザーが◎。

ブレス・バングル
主張しすぎない、シンプルなデザインのもの、幅広のものも似合います。

メガネ
コーデのスパイスになるフレームメガネ。飾りの少ないすっきりしたデザインが似合います。

パールネックレス
長さは55～110cmがベター。粒が大きいもの（8mm以上）を選びましょう。

ピアス・イヤリング
ダイヤやサファイヤなど、大きめの一粒石のスタッドを。

ネックレス
細いチェーンで、シンプルなデザインのもの。フロントやトップにポイントのあるものを。

パールネックレス（ABISTE）、ゴールドネックレス（Ane Mone／サンポークリエイト）、一粒石ネックレス（ABISTE）、一粒石ピアス（NOBRAND）、メガネ（ck calvin klein／マーションジャパン）、時計（Daniel Wellington／ダニエル・ウェリントン原宿）、バングル（ABISTE）

ウェーブ

ブレス・バングル
細かく繊細なデザインのものや、モチーフやストーンがついたチェーンタイプが似合います。

時計
フェイスは円形、正方形、長方形で20㎜くらいの小さめのものを。ベルトはステンレスやチェーンがおすすめ。

ピアス・イヤリング
小さめでキラキラ感があるものや、揺れるようなデザインが似合います。

サングラス
グラデーションレンズの華やかなものがおすすめ。フレームに柄が入っていても◎。

パールネックレス
小さめの粒（8㎜以下）がおすすめです。二連にして華やかさを出して。長さは35〜55cmくらいがおすすめ。

ネックレス
ビジューがたくさんついたネックレスや細めのチェーンが重なったもの、ボリュームのあるものが似合います。

ピアス（Ane Mone／サンポークリエイト）、シルバーネックレス（ABISTE）、ビジューネックレス（Ane Mone／サンポークリエイト）、2連にしたパールネックレス（ABISTE）、サングラス（ck calvin klein／マーションジャパン）、バングル（Ane Mone／サンポークリエイト）、時計（SHEEN／カシオ計算機）

〈 OTHER BASIC ITEM 〉

Natural
ナチュラル

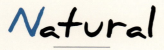

パールネックレス
長め(110cmくらい)がぴったり。バロックパールなど形がふぞろいなものも似合います。

メガネ
個性的なデザインのもの、柄のあるものも◎。

ピアス・イヤリング
ターコイズなどの透明度のない天然石を使った、大きめのものが◎。

時計
フェイスは円形か長方形。25mmくらいの大きめもお似合い。レザーベルトが馴染みます。

ごつめのバングル
太めで存在感のある、骨格に負けないデザインが似合います。

ネックレス
大ぶりでインパクトのあるデザイン、長め(80cmくらい)が似合います。

ロングパールネックレス(Ane Mone／サンポークリエイト)、ゴールドチェーンネックレス(Ane Mone／サンポークリエイト)、ストーンネックレス(ABISTE)、イヤリング(Ane Mone／サンポークリエイト)、バングル(Ane Mone／サンポークリエイト)、メガネ(JINS)、時計(Daniel Wellington／ダニエル・ウェリントン原宿)

OTHER BASIC ITEM

[BAG]
バッグ

コーデのアクセントにもなるバッグ。服と同様、形、大きさ、素材に気をつけて。

Straight
ストレート

表革
上品に見える、かっちりきれいめな表革素材が◎。

大きめ、マチつき
ケリーバックのような、マチつきで自立できるタイプを選んで。

左（The Cat's Whiskers/フィルム）、右（&.NOSTALGIA）

丸くて小さめ
ポシェットのような小さめで、角がない丸みのあるデザインがぴったり。

フェミニンな質感
やわらかいハラコか、光沢のあるエナメル素材が◎。クラッチデザインも似合います。

Wave
ウェーブ

左（NOBRAND）、右（WATERLILY LA/FASHION PEAKS）

Natural
ナチュラル

大きめの革バッグ
重さを感じさせる、レザーのボストン形がぴったり。

ビッグトート
カジュアルなトートバッグは、骨格に負けないビッグサイズをセレクト。

左（TUSCAN'S Firenze）、右（BELLMER）

OTHER BASIC ITEM

[HAT, SCARF & BELT]
帽子&スカーフ&ベルト

いつもの着こなしがぐっと垢抜けて見えるアイテム。骨格ごとのテイストを知っておいて。

Straight
ストレート

中折れ帽
中折れタイプで、メンズライクなテイストをプラス。

シルク
エレガントさ漂う、上質で厚手のシルクがおすすめ。

ハット（Bailey/override明治通り店）、スカーフ（Ane Mone/サンポークリエイト）、ベルト（NOBRAND）

表革ベルト
表革の細めが似合います。デザインはシンプルが◎。

ニットベレー
ニット素材のガーリーなベレーが雰囲気にぴったり。

Wave
ウェーブ

ふんわりストール
やわらかなシフォンや透ける素材で華やかに。

アニマル柄ベルト
アニマル柄のハラコ素材、光沢のあるエナメルなどが似合います。

ベレー帽（override/override明治通り店）、ストール（NOBRAND）、ベルト（NOBRAND）

ラフなニット帽
ざっくりしたローゲージニット帽が◎。

ニット帽（arth/arth override アトレ恵比寿店）、リネンストール（Ottotredici/CAP）、ベルト（NOBRAND）

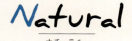
Natural
ナチュラル

大きめのベルト
太めで存在感のあるものを。表革やメッシュ素材が◎。

ガーゼストール
スカーフよりも、天然素材のストールが似合います。

OTHER BASIC ITEM

[SHOES]

靴

似合う靴をはけば、コーディネートは完成！ 素材やヒールに注目して。

Straight
ストレート

ハイヒールローファー
太めヒールのしっかりしたタイプ。ストレートが得意な上品テイストに。

表革パンプス
レディなコーデに必須のパンプスは、ツヤをおさえた表革を。

左 (artemis by DIANA/artemis by DIANA 東京ソラマチ店)、右 (Meda/モード・エ・ジャコモ)

バレエシューズ
リボンがついた丸いフォルムはウェーブのクラシカルな装いにぴったり。

エナメルパンプス
パンプスはエナメルなど華やかな素材がおすすめです。

Wave
ウェーブ

左 (Pretty Ballerinas/F.E.N.)、右 (Carino/モード・エ・ジャコモ)

Natural
ナチュラル

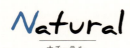

モカシン
カジュアル感たっぷりなモカシンは、ナチュラルタイプならではのお似合い靴。

カジュアルパンプス
太めヒール×スエード素材の、カジュアルなデザインを選んで。木の質感も◎。

左 (GU)、右 (artemis by DIANA/artemis by DIANA 東京ソラマチ店)

Straight

ストレートタイプ

本当に似合う服で着回す**24**コーデ

【 基本のアイテム 】

1 ▶ P.76
2 ▶ P.78
3 ▶ P.80
4 ▶ P.82
5 ▶ P.84
6 ▶ P.86
7 ▶ P.88
8 ▶ P.90
9 ▶ P.92
10 ▶ P.94
11 ▶ P.96
12 ▶ P.98

【 アウター 】

13 ▶ P.100
14 ▶ P.102
15 ▶ P.103

Straight

\ 使える！プラスの6着 /

A ダンガリーシャツ
厚手のデニム素材×シャツのきれいめ感で着太りしないお似合いアイテム。

20	15	19	16
スプリング	サマー	オータム	ウインター

B タートルニット
タートルネックなら短い首をカバー。ハイゲージのきれいなハリが◎。

26	23	23	25
スプリング	サマー	オータム	ウインター

C ライダースジャケット
厚手の革素材が、ストレートタイプの肌質にぴったり。コーデのスパイスに。

26	1	26	29
スプリング	サマー	オータム	ウインター

D レーススカート
甘めレースも、縦シルエットのタイトスカートならすっきり。模様は大きめを。

29	25	21	26
スプリング	サマー	オータム	ウインター

E ワイドパンツ
上半身が重くなりがちなので、下半身に重心を作れるワイドパンツを投入。

27	24	24	25
スプリング	サマー	オータム	ウインター

F ホワイト系デニムパンツ
ストレートタイプの肌質に合う厚地デニムを、カラーを変えて投入。きれいめカジュアルに。

30	30	30	30
スプリング	サマー	オータム	ウインター

【 小物 】

- レディなトート ▶ P.104
- かっちり素材のクラッチ ▶ P.107
- トラッドなベレー帽
- ▶ P.109
- ▶ P.109
- シンプルスニーカーも◎
- 大判シンプルストール ▶ P.108

Straight

Coordinate
01
1 + 10

Point
ストレートタイプが得意のきれいめパンツコーデ。Tシャツはかっちりしがちなコーデにこなれた印象をプラスします。

Point
シルクの柄スカーフを巻けばシンプルなコーデに華やかさが。Iラインも生まれます。

Point
ぼんやりした色合いのコーデには、引きしめカラーのベルトを。靴の色と合わせると統一感が出ます。

\ Arrange! /

デニムで休日スタイルに
パンツをデニムパンツに変更。休日のおでかけにぴったりな動きやすいカジュアルコーデに。

Straight

〈 Straight 〉

Coordinate
02
2 + 8

Point
シンプルなコーデも
ストレートタイプな
ら地味にならない！
パールネックレスで
エレガントに。

Coordinate
03
2 + 6 + 11

Point
前開きのカーディガ
ンとメガネをプラス
して、ストレートタ
イプにぴったりのI
ラインを作って。

Point
きれいめなバッグを
合わせて上品さをプ
ラスに。

Point
カットソーのカジュ
アル感を女性らしく
まとめるにはヒール
パンプスを。

バッグ（artemis by DIANA ／ artemis by DIANA ソラマチ店）、スニーカー（NIKE）

Straight

Coordinate
04
3 + 9

Point
シャツはストレートタイプにぴったりのアイテム。胸元ボタンを開けて、V字ラインを作れば、上半身がさらにすっきり。

Point
クラッチバッグで、ほどよい上品さが出せます。

Point
きれいめコーデにスニーカーを合わせれば、一気にこなれた印象に。

TECHNIQUE

腕まくりでこなれ感アップ

上半身が重くならないように、腕まくりをして手首を見せれば、さらにこなれたコーデに仕上がります。きちっとではなく、ラフにまくるのがポイント。

クラッチバッグ〔WATERLILY LA/FASHION PEAKS〕

Straight

Coordinate 05

Ⓐ + 11

Point
デニム×デニムもストレートタイプなら、やぼったくならない！クラシカルなハットを合わせて上品に。

Point
カジュアルスタイルにはきちんと感のあるバッグや靴を合わせて。

ハット（arth/arth override アトレ恵比寿店）、ダンガリーシャツ（MOROKO BAR/MOROKO BAR 六本木ヒルズ店）

Coordinate 06

3 + 7 + 10

Point
シャツ＋ジャケットの王道きちんとコーデ。胸元にパールを添えれば華やかに。

Point
ピンヒールを合わせれば、パンツスタイルも女性らしく仕上がります。

〈 Straight 〉

115

Straight

Coordinate
07
4 + 8

Point
大判ストールをラフに持てば、フォーマルすぎない印象に。

Point
ブラウスをインしてワンピース風に。ストレートタイプのメリハリボディがきわだちます。

ストール（OLD ENGLAND/ナイツブリッジ・インターナショナル）

Point
フェミニンなパンプスで足元もきれいに見せて。バッグと同じ革素材を合わせましょう。

\ Arrange! /

クラッチバッグでパーティ仕様に
ちょっとしたパーティに行くときは、バッグをクラッチタイプに変更してみましょう。オフィススタイルからぐっと華やかな雰囲気に変わります。

Straight

〈 Straight 〉

Coordinate
08

2 + 7 + Ⓕ

Point
カジュアルなインナーにシルクのスカーフを巻いて、上品なマリンルックに。

Point
ホワイト系デニムで軽やかな雰囲気に。

Coordinate
09

Ⓑ + Ⓒ + 8

Point
タートル×タイトスカートをライダースでこなれた印象に。

Point
スニーカーでカジュアルにはずすのがポイント。

ホワイトデニムパンツ（YANUK/カイタックインターナショナル）　　　　ライダース（DOMA/FASHION PEAKS）

Straight

Coordinate
10

5 + Ⓓ

Point

ストレートタイプが得意なシンプルなVネックニットにレースボトムを合わせてガーリーに着こなします。

Point

ニットやレースの甘さに、メンズライクなハットをプラスすればコーデのスパイスに。

Point

レース素材を投入して地味さを防止。ニットとの異素材感がおしゃれ。

\ Arrange! /

**ストールを
プラスして華やかに**

ボリュームのある大きめのストールを合わせると、華やかさをアップできます。トップスのニットと同系色を選んで、バランスよくまとめましょう。

レーススカート（Bershka）

Coordinate 11

Ⓑ + 11

Point
ニット×デニムの王道コーデは、ベレー帽とメガネではずしてありがち感を防止。

Point
ベーシックなタートルニットはやぼったくならないように、ストレートデニムでかっちりと。

タートルニット（無印良品）

Coordinate 12

6 + Ⓔ

Point
カーディガンをVネックニットのように着こなして。スカーフで華やかさをプラス。

Point
シンプルなトップスに、明るめのボリュームボトムスや柄スカーフを合わせると華やかな印象に。

ワイドパンツ（Sov./ヤマツゥ）

Straight

Coordinate 13
3 + Ⓒ + Ⓕ

Point
上下ホワイトの組み合わせに辛口ライダースをはおってクールな印象に。パンプスを合わせて女性らしさも忘れずに。

Coordinate 14
1 + 11 + 12

Point
ワンピをロングカーディガンのようにはおれば、着こなしの幅が広がります。かっちり小物で引きしめて。

Coordinate 15
5 + Ⓔ

Point
ボリュームボトムスにVネックニットを合わせて上半身をすっきりまとめた上品なコーデ。

Straight

〈 Straight 〉

Coordinate

16

4 + 10

Point
オフィススタイルもブラウスやパールネックレスでやさしく華やかな印象に。

Coordinate

17

Ⓐ + Ⓓ

Point
フェミニンなレーススカートにデニムシャツを合わせて、カジュアルでこなれた雰囲気に。

Coordinate

18

6 + 9

Point
ラフなスカートにハイゲージニットやクラッチを合わせて上品カジュアルスタイル。

Straight Outer Coordinate
【 アウターコーディネート 】

Coordinate
19
5 + D + 13

Coordinate
20
2 + 11 + 13

Coordinate
21
12 + 14

Point
裾からレーススカートをちらりとのぞかせて女性らしいコーデに。

Point
カジュアルコーデにはおれば、スタイリッシュな印象に。

Point
コートのベルトを結んでガーリーに。ワンピースとも好相性。

Straight

⟨ Straight ⟩

Coordinate
22
3 + 10 + 14

Coordinate
23
1 + Ⓔ + 15

Coordinate
24
Ⓐ + Ⓕ + 15

Point

シンプルなオフィススタイルにもスカーフやパンプスを合わせて女性らしさを忘れずに。

Point

きれいめワイドパンツを合わせた、上品なダウンスタイル。大きめストールを合わせてバランスをとって。

Point

カジュアルなスタイルにパールを合わせてレディ感アップ。

Wave

ウェーブタイプ

本当に似合う服で着回す 24 コーデ

【 基本のアイテム 】

【 アウター 】

Wave

＼使える！プラスの6着／

A
柄カットソー
ウェーブタイプは細めボーダー柄が似合う。えりの開きで華奢さをアピール。

スプリング 25 / サマー 17 / オータム 29 / ウインター 28

B
タイブラウス
胸元に華やかなボリュームをプラスできるブラウス。コーデのスパイスに。

スプリング 30 / サマー 30 / オータム 30 / ウインター 30

C
ニット
6とツインになる半袖ニット。浅めのラウンドネックがウェーブタイプにぴったり。

スプリング 9 / サマー 5 / オータム 2 / ウインター 4

D
フレアスカート
ひざ下丈の上品なものを投入して。さし色を使ってコーデの引きしめ役に。

スプリング 14 / サマー 22 / オータム 16 / ウインター 22

E
ショートスカート
ミニ丈はウェーブタイプの足を長く見せるぴったりのアイテム。やわらかな素材を選んで。

スプリング 19 / サマー 14 / オータム 19 / ウインター 19

F
スラックスパンツ
おしゃれ度があがる、淡色系ボトム。足元が重くならない、裾が細めのものを。

スプリング 26 / サマー 30 / オータム 24 / ウインター 25

【 小物 】

P.105

P.107

カジュアル感のあるファークラッチ

P.108

P.109

P.109

足長に見えるロングブーツ

スエードパンプスも似合う

やわらか素材のハット

ふわふわ系スヌード

Coordinate
01

Point
コンパクトなトップスとタイトスカートでウェーブタイプのフェミニンさを引き立てるコーデ。

Point
サングラスを胸元に引っ掛けて。Tシャツのワンポイントになり、上重心に。

Point
Tシャツはバランスをみてスカートにインすると、ウエスト位置がアップ。

Point
クラッチバッグとストールをセットで持てば、コーデのスパイスに。

\ Arrange! /

ジャケットをはおって、きちんと感アップ
きちんと感を出したいときは、ジャケットをはおればOK。会食や仕事の打ち合わせなど、フォーマルな場面に合うコーデになります。

Coordinate 02

1 + 11 + 6

Point
ウェーブタイプが得意の足し算コーデ。カーディガンで、顔まわりに華やかさをプラス。

Point
カジュアルなスタイルにバレエシューズを合わせてフェミニンさも忘れずに。

Coordinate 03

2 + 9

Point
ふんわり素材のスカートもコンパクトトップスで甘くなりすぎない。

Point
スカートが長め丈のときはヒールで重たさを減らして。足首を見せて抜け感を。

パンプス
(Carino/ モード・エ・ジャコモ)

Coordinate
04

3 +

Point
とろみシャツとフレアスカートは、ウェーブタイプにぴったりの組み合わせ。

Point
ウェーブタイプはくびれを強調させるのが◎。シャツをボトムにインしてバランスアップ。

Point
クラッチバッグを合わせれば、甘くなりすぎないガーリーコーデが作れます。

\ Arrange! /

スヌードをプラスしてボリュームアップ
首元にボリュームのあるスヌードを巻くのもおすすめ。ウェーブタイプは胸元がさみしくならないよう、ボリューム感を出すコーデを作りましょう。

Coordinate 05

Ⓑ + 11

Point
ウェーブタイプに似合う華やかブラウスで、デニムを品よく着こなせます。

Point
くびれを作るために、ブラウスをボトムにイン。ベルトのウエストマークで効果アップ。

Coordinate 06

3 + 7 + Ⓕ

Point
ジャケットを着るときは腕をまくって、手首を出すとウェーブタイプの華奢さがアップ。

Point
淡色系ボトムとパンプスでジャケットのかたさをやわらげます。

ブラウス（Sov./フィルム）、ハット（Bailey/override 明治通り店）　　クロップトパンツ（MOROKO BAR/MOROKO BAR 六本木ヒルズ店）

Coordinate
07

5 + 10

Point

フェミニンなモヘアニットもクロップドパンツを合わせれば、大人な印象に。

Point

ウエストにベルトをちら見せさせて。レオパード柄が辛口度アップ。

Point

バッグやパンプスで女性らしさをプラス。辛口をやさしげで上品にまとめます。

TECHNIQUE

トップスをゆるっとインしてベルトをちら見せ

モヘアのような厚地のトップスは、前や横だけを少しだけボトムスに入れるとこなれ感がアップ。ベルトの柄をちら見せするときにも使えます。

Coordinate 08

6 + 11

Point
下半身が重くなりがちなデニムコーデは、帽子やパールネックレスで視線アップ。

Point
シンプルなニット×デニムスタイル。ファークラッチを合わせて華やかに。

ファークラッチ（WATERLILY LA/FASHION PEAKS）

Coordinate 09

5 + Ⓓ

Point
モヘア×フレアのボリュームコーデもウェーブタイプなら重くならずに着こなせます。上下ともニュアンスカラーでこなれ感を。

Point
足元にはスエード素材のパンプスでカジュアルさをプラス。こなれた印象に。

スヌード（GU）、フレアスカート（&.NOSTALGIA）

Coordinate 10

4 + 8

Point

レースブラウスとタイトスカートの甘口コーデ。メリハリのある配色で辛口に仕上げます。

Point

バッグも甘口のかわいいタイプを。肩にかけて持てば女性らしさがアップします。

Point

パンプスの色はモノトーンだと重い印象になりがちに。ニュアンスカラーを選びましょう。

TECHNIQUE

スカートインでバランスアップ

ブラウスはスカートにインすると、きちんと感がアップします。ウェーブタイプが強調させたいくびれをしっかり作れます。

Coordinate 11

6 + 12

Point
きれいめワンピースにカーディガンをプラス。王道のお嬢様コーデがウェーブタイプには似合います。

Point
サングラスを足して、子どもっぽさを回避。足元は甘めカジュアルなバレエシューズを。

Coordinate 12

7 + Ⓐ + 9

Point
無地の面積が広めのコーデなので、インナーのボーダー柄をちら見せして引きしめて。

Point
プリーツスカートをジャケットで辛口に。ストールを足して上重心になるように。

カットソー（DOUBLE STANDARD CLOTHING/フィルム）

Wave

Coordinate 13
1 + 9

Point

シンプルなコーデに、ファー&ストライプ柄のクラッチをさした、小物が主役のコーデ。

Coordinate 14
4 + E

Point

異素材合わせのコーデ。足元はヌーディパンプスで足長効果を狙って。

スカート（pool studio alivier/銀座マギー）

Coordinate 15
5 + 11

Point

きれいめモヘアニットをデニムやブーツを合わせてカジュアルにも。

Wave

Coordinate 16
Ⓑ + 🔟

Point
ブラウス×きれいめパンツにレディな小物を合わせて、パーティでもOKなスタイルに。

Coordinate 17
Ⓐ + Ⓕ

Point
マニッシュなコーデもスエード素材のパンプスを合わせればやさしい印象に。

Coordinate 18
Ⓒ + Ⓓ

Point
フィットトップス＆フレアボトムスのレディコーデ。足元はバレエパンプスですっきりと。

クルーネックニット（OLD ENGLAND/ ナイツブリッジ・インターナショナル）

Wave

Outer Coordinate
【アウターコーディネート】

Coordinate 19
Ⓐ + Ⓔ + 13

Point
ミニスカートとAラインコートは相性抜群。スヌードを合わせて視線を上げます。

Coordinate 20
Ⓑ + 10 + 13

Point
華やかなボウタイがノーカラーのコートにぴったり。ニット帽やファー小物ではずして。

Coordinate 21
4 + Ⓓ + 14

Point
フェミニンなスカートコーデ。ブーツとハットでクラシカルな雰囲気が作れます。

Wave

Coordinate 22
1 + 10 + 14

Point
辛口なトレンチスタイル。ベーシックなコーデは、小物でインパクトをプラス。

Coordinate 23
Ⓒ + 11 + 15

Point
クラッチバッグとブーツで、カジュアルなダウンをかっこよく着こなして。

Coordinate 24
2 + Ⓕ + 15

Point
シンプルなスタイルにボリュームファーを足して、上品なダウンスタイルに。

Natural

＼使える！プラスの6着／

A
ストライプシャツ
リネン素材がナチュラルタイプにぴったり。リラックスしたシャツコーデが作れます。

20	15	19	15
スプリング	サマー	オータム	ウインター

B
ロングニット
ローゲージでゆったりと。ホワイト系カラーが使いやすくておすすめです。

14	30	30	10
スプリング	サマー	オータム	ウインター

C
ざっくりニット
ローゲージのシンプルなタイプ。コーデの引きしめ役になるダークカラーが◎。

25	29	21	26
スプリング	サマー	オータム	ウインター

D
オフタートルニット
ざっくりした形がナチュラルタイプにぴったり。編み目もローゲージを選んで。

22	27	29	27
スプリング	サマー	オータム	ウインター

E
プリーツスカート
さし色になるボリュームスカート。プリーツがたっぷり入ったタイプも似合います。

7	8	12	1
スプリング	サマー	オータム	ウインター

F
ワイドパンツ
おしゃれ度アップの、明るい色ボトムスを投入。ボリュームが出る裾広がりタイプを選んで。

30	30	30	30
スプリング	サマー	オータム	ウインター

【 小物 】

▶ P.106

▶ P.107

ざっくり感のあるカゴバッグ

ゆったりキャスケット

▶ P.109

▶ P.109
マットな質感のパンプス

▶ P.108
ラフな質感のスニーカー

大きめチェック柄マフラー

Natural

Coordinate
01

1 + 8

Point
ナチュラルタイプにお似合いのゆったりTシャツとスカートで、大人カジュアルなスタイルに。

Point
ボーイズTシャツも、ロングタイプのパールを合わせればガーリーに仕上がります。

Point
フェミニン度をアップさせるパンプスがぴったり。

パンプス（メダ／モード・エ・ジャコモ）、ストール（OLD ENGLAND／ナイツブリッジインターナショナル）

\ Arrange! /

ストールで印象を変える
上品なチェック柄もこのコーデにぴったり。首まわりにまとめて巻けばカジュアルに、ショール風にはおれば上品さがアップします。

Natural

Coordinate
02
2 + 10

Point
カットソー×ワイドパンツでほどよいリラックス感。

Point
さみしくならないように、カゴバッグやリネンストールの素材感を足して。

カゴバッグ（NOBRAND）

Coordinate
03
2 + 6 + 11

Point
ボーイフレンドデニムは、ナチュラルタイプの鉄板アイテム。ネックレスで女性らしさをプラス。

Point
モカシンやニット帽を合わせてカジュアルに。ナチュラルタイプだから着こなせるゆるコーデです。

Natural

Coordinate
04

3 + ⓒ + 9

Point
白シャツ×スカートに
ざっくりニットを肩掛
けして作る、ガーリー
コーデ。

Point
スニーカーやカジュ
アルなニット帽をプ
ラスし、小物でカ
ジュアルダウン。

Point
ボリュームのあるスカ
ートが、ナチュラルタ
イプを垢抜けた雰囲気
に見せます。

\ **Arrange!** /

キャスケット（arth ／
arth override アトレ恵比寿店）

ニット（GU）、スニーカー（CONVERSE）

小物チェンジできれいめコーデに
きれいめなパンプスや帽子を合わせると、ぐっと上品なコーデに。スエード
素材のパンプスやフェルト素材の帽子がなじみやすくおすすめ。

Natural

〈 Natural 〉

Coordinate 05

3 + 7 + 8

Point
きちんとコーデもロングジャケットでこなれた印象に。

Coordinate 06

Ⓐ + 11

Point
リネン素材のシャツ×デニムで、ナチュラルタイプが得意な大人カジュアルに。

Point
太めヒールのスエードパンプスがナチュラルタイプの個性を引き立てます。

Point
ラフになりすぎないように、きれいめなパンプスを合わせるとバランスよくまとまります。

リネンシャツ（BYMITY）

Natural

Coordinate
07
4 + Ⓕ

Point
カラーブラウスに白系パンツを合わせれば、華やかさがぐんとアップ。

Point
ロングタイプのネックレスで、上品な雰囲気を作って。

Point
大きめなボストンバッグでボリュームあるコーデに負けない存在感を。

TECHNIQUE
ボリュームシャツは後ろは出して、前だけをインして。すっきり見せつつも、ゆったり感をキープできます。

ワイドパンツ（Divinique/カイタックインターナショナル）

Natural

Coordinate 08

3 + 6 + 11

Point
白シャツをロングカーデに合わせて作る、大人リラックススタイル。

Point
カゴバッグにリネンストールを合わせれば、華やかさがアップします。

Coordinate 09

1 + 7 + 10

Point
ジャケットにカジュアルなTシャツを合わせた、こなれ感のあるコーデ。

Point
足元はマットな質感のパンプスで、上品にまとめます。

Natural

Coordinate
10
Ⓒ + Ⓔ

Point
シンプルなニットをレディに着こなすコーデ。ロングパールで上品に。

Point
ナチュラルタイプはボリュームスカートが得意。布をたっぷり使った、ドレープの出るものがよく似合います。

Point
革バッグを合わせれば、きちんとした印象に。

プリーツスカート（&.NOSTALGIA）

Natural

Coordinate 11

3 + 5 + 8

Point
ゆるシャツにニットをレイヤード。袖と裾はラフに出して。

Point
ストールがベーシックなコーデに華やかさをプラス。メガネやニット帽で遊んで。

Coordinate 12

Ⓓ + 10

Point
オフショルニットにキャスケットを合わせてさみしい首まわりにポイントを。

Point
ボリュームコーデに負けない大きめバッグをプラス。

ニット（MOROKO BAR/MOROKO BAR 六本木ヒルズ店）

Natural

Coordinate 13
5 + Ⓔ

Point
ゆったりタートル×ボリュームスカートをスニーカーではずした、リラックスコーデ。

Coordinate 14
Ⓐ + 10

Point
ブルーのストライプシャツがさわやかなオフィスコーデ。

Coordinate 15
Ⓓ + 11

Point
ざっくりオフショルをデニムでとことんラフに着るコーデ。モカシンでカジュアル感をプラス。

Natural

Coordinate 16
ⓒ + 9

Point
きれいめなロングスカートが主役のコーデ。小物でカジュアルにくずして。

Coordinate 17
Ⓑ

Point
ゆったりワンピはナチュラルタイプにぴったり。柄マフラーをアクセントに。

ニットワンピース（DOUBLE STANDARD CLOTHING/ フィルム）

Coordinate 18
4 + 8

Point
ブラウス×タイトスカートの上品コーデに、カゴバッグを足してこなれ感を。

Natural Outer Coordinate
【 アウターコーディネート 】

Coordinate
19
1 + 9 + 13

Coordinate
20
C + 11 + 13

Coordinate
21
B + 14

Point
ボリュームスカートでダッフルをフェミニンに着るコーデ。ストールをプラスして華やかさアップ。

Point
デニム×ダッフルもナチュラルタイプならやぼったくならない！かっちり小物で引きしめて。

Point
白ワンピの甘さをトレンチでさわやかにおさえたコーデ。小物で上品にまとめます。

⟨ Natural ⟩

Coordinate 22
3 + 10 + 14

Coordinate 23
12 + 15

Coordinate 24
5 + F + 15

Point
白シャツ×トレンチのオフィススタイル。ボトムスでこなれ感を。

Point
スポーティなダウンコートもニットワンピを合わせればフェミニンに着こなせます。

Point
色みをおさえたコーデでダウンを上品に。モードっぽさがナチュラルタイプにぴったり。

Party Coordinate

パーティコーディネート

パーティに着るドレスも素材と形が大切。相性のよい小物を取り入れて、さらに華やかに。

Straight
ストレート

シンプルなアクセサリー
派手にならないシンプルなもの。耳元に揺れないタイプのピアスも似合います。

Iラインドレス
胸元が広めに開き、すとんとしたIラインシルエットがストレートタイプにぴったり。素材は厚手のものを選んで。

マット素材のバッグ
飾りの少ないマット素材のパーティクラッチがおすすめ。

ワンピース（ソブ／フィルム）、バッグ（artemis by DIANA／artemis by DIANA ソラマチ店）

Wave
ウェーブ

華やかネックレス
キラキラとした華やかなネックレスで胸元を飾って。半貴石などの石がついたものがおすすめ。

フレアドレス
華やかさのあるフレアタイプのドレスがお似合い。動くとゆれるやわらかめの素材、短め丈を選んで。

ファーストール
首まわりをゴージャスにしてくれるファースヌード。手で持つだけでも華やかな印象に。

ワンピース（pool studio alivier／銀座マギー）、ファースヌード（DOUBLE STANDARD CLOTHING／Amazon Fashion）、バッグ（ABISTE）

Natural
ナチュラル

大きめアクセ
ストーンが大きく、丈もなるべく長めなネックレスで華やかさを出します。

ボリュームドレス
布をたっぷり使った、大きめのドレスを選んで。丈はひざが出ない長さが◎。

大きめクラッチ
大きめバッグでもナチュラルタイプなら浮かずに、華やかに持てます。

ワンピース（GOUT COMMN／グランカスケードインク）、バッグ（ABISTE）

‖ おすすめパーティヘア ‖

Straight

タイトな夜会巻き風
首がすらりとして見える、夜会巻きが◎。きっちり感がストレートタイプの華やかさを引き立てます。

Wave

華やかなハーフアップ
コンパクトにまとめるとさみしい印象になるので、フルアップよりハーフアップで華やかに。

Natural

無造作なまとめ髪
かっちりした印象にならない、無造作なスタイルが似合います。ラフなおくれ毛を作って、女性らしさを。

COLUMN

おしゃれ美人は「抜け感」を作っている!

ファッションの着こなしに、さりげなく肌を見せ、「抜け感」を作るテクニックがあります。おすすめの抜け感テクをご紹介しますので、取り入れてみましょう。

\ 抜け感テク1 /
腕をすっきり

長袖を着るとき、腕がすっきり見えるように、袖をまくり上げてみましょう。ぴったりまくるよりも、ラフにまくりあげるほうが、こなれた感じに。

ラフにまくりあげる

ロールアップ

\ 抜け感テク2 /
足首を見せる

デニムなど、カジュアルなロングパンツをはくときに、足首を見せるようにロールアップをしましょう。くるぶしが見えると、すっきり感がアップします。

\ 抜け感テク3 /
首まわりに抜けを

シャツのようにえりが立った服は、えりを背中側に落として首に抜けを作ると一気に垢抜けます。ゆったりとこなれた雰囲気が作れておすすめ。

えりを後ろに落とす

Part 4

最高のクローゼットを
作る
5つのレッスン

似合うアイテムがわかったら、
実際にあなたの服やコーディネートに取り入れてみましょう。
手持ち服が本当に似合うか、
新しい服を購入するときのポイントなどをお教えします。

LESSON 1

【 まずは手持ちの服を整理しよう 】

クローゼットをチェックする

骨格診断、カラー診断を取り入れるために、まずは手持ちの服の整理を。クローゼットの服を見まわして、似合うアイテムを把握しましょう。

////////// 手持ちの服の骨格・カラーをチェック！ //////////

手持ちの服をすべて出して、1枚ずつチェックスタート！

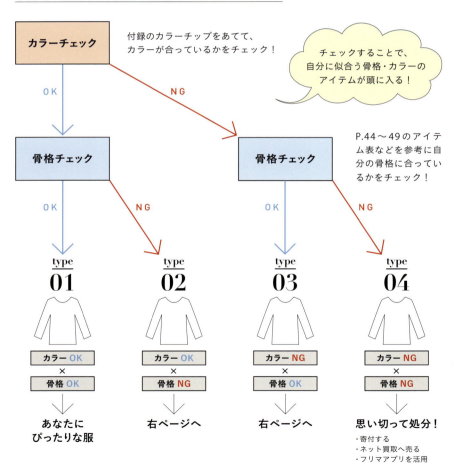

type 02 　カラー OK × 骨格 NG 　の場合

顔映りはよくても、スタイルが悪く見える服なので、できれば処分！

(でも迷うときは…)

- ベーシックな形
- type 01の服と合わせやすい

→ 残してもOK！ 似合わせテク（P.166）で上手に着こなして

- 極端なデザイン
- type 01の服と合わせにくい

→ 思い切って処分！

type 03 　カラー NG × 骨格 OK 　の場合

スタイルはよく見えますが、顔映りが悪い服なので、できれば処分！

(でも迷うときは…)

- ベーシックな色
- type 01の服と合わせやすい

- ボトムス
- 面積が小さいもの

→ 残してもOK！ 似合わせテク（P.166）で上手に着こなして

- 色がけばけばしい
- 着方に迷う

→ 思い切って処分！

＼ 処分する決心がつかない… ／

高かったから手放せない！
似合わない服を着ないで持っておくことこそ、スペースとお金のムダ使い。その服を手放すことで、新しい似合う服が待っている！

手持ち服が少なくなってしまう
似合わない服を毎日とっかえひっかえ着るよりも、少ない似合う服ならコーディネートに悩まないし、着回すことでおしゃれにも見える！

LESSON 2

【 買い物にいく前に 】

似合う服をイメージする

自分にあった素材や形、色をインプットして買い物のときに
すぐに判断できるのが理想的。似合う服をイメージしておきましょう。

―――――――― 買い足しアイテムをチェック ――――――――

あなたに必要なアイテムは？

まずは、LESSON1で整理した、あなたの手持ち服をP.168〜171の表でチェックしましょう。自分に足りないアイテムがわかります。

＼ P.168〜171アイテム早見表／

―――――――― 雑誌で似合う服を見つける ――――――――

買い物で迷わない！
便利なスクラップブックを作ろう

いきなり買い物にいってもどの服がいいか選べないことがあります。新しく買い足すアイテムは、買い物にいく前に、雑誌を参考にイメージを持っておきましょう。スクラップブックを作っておくと、どの服が欲しいのかが一目でわかるので、買い物時にとても探しやすくなります。作り方は、雑誌から見つけた欲しいイメージのアイテムを切り抜き、ノートなどに貼り付けるだけ。ぴったりのアイテムが見つからないときは、「色がうすいもの」「フリルがついていないもの」などのコメントを記入しておいてもいいでしょう。

雑誌の中から、欲しいイメージのアイテムを見つけて

はさみとのりがあれば簡単に作れます

貼るのはスケッチブックやノートでOK

LESSON 3

【 似合う服を買いにいこう！ 】

買い物をするときのポイント

ほしい服のイメージが作れたら、さっそく買い物へ！
ぴったりの服を手に入れるポイントをおさえておきましょう。

まずは、色・柄をチェック！

アイテムを見て一番わかりやすいのが、色と柄。はじめに、色と柄をチェックしましょう。柄はP.21、P.27、P.33を参考にチェック。色は付録のカラーチップを服にあてて、判断しましょう。このとき、色は濃淡の違いなら合う色と判断してOKです。

色の判断例
カラーチップ
少しうすい　OK！
少し濃い　OK！
少し黄みがある　NG
少し青みがある　NG

素材をチェック！

色と柄の次は、素材をチェックします。骨格タイプによって、ストレート＝しっかりしたハリや高級感のある素材、ウェーブ＝ふんわり、やわらかな素材、ナチュラル＝ざっくり、ラフな素材という特徴から判断しましょう。

骨格別素材キーワード

Straight（ストレート） ＝ しっかり → P.21
Wave（ウェーブ） ＝ ふんわり → P.27
Natural（ナチュラル） ＝ ざっくり → P.33

形をチェック！

色や素材がチェックできたら、「自分の骨格に似合う形」かを判断しましょう。トップスはえり、袖、丈感など、ボトムスは長さや裾の広がり具合などを見ます。服によっては、デザインがミックスされているものもありますが、一番多くあてはまるタイプを選び、全体を見て判断するようにしましょう。

形の参考にチェック！

トップス → P.44～46、P.76～89

ボトムス → P.47～49、P.90～97

試着してチェック！

最後に試着してチェックします。以下のようなチェックポイントをおさえておくとよいでしょう。

えりまわり → P.44〜45

Straight…
☐ 首が短く見えないか？

Wave…
☐ 胸が開きすぎてさみしい印象ではないか？

Natural…
☐ 鎖骨が悪目立ちしていないか？

袖 → P.45〜46

Straight…
☐ 腕が太く見えないか

Wave…
☐ 腕が重そうに見えないか

Natural…
☐ 腕が骨々しく見えないか

トップスシルエット

Straight…
☐ ぴたっと、だぼっとしていないか

Wave…
☐ だぼっとして服に着られていないか

Natural…
☐ ぴたっとせず、ゆったり感があるか

トップス丈

Straight…
☐ 丈が腰くらいか

Wave…
☐ 丈が腰より上にあるか

Natural…
☐ 丈が腰より下にあるか

\横からもチェック！/
前が上がってしまうのはNG
スカートなら、後ろが上がってしまうのはNG

\後ろをチェック！/
ヒップ下やひざ裏にシワが寄るものはサイズがきついので、1サイズ上げて。

ボトムス丈 → P.47

Straight… ☐ 足が太く見えないか
Wave… ☐ 足が短く見えないか
Natural… ☐ ひざや筋が悪目立ちしていないか

ボトムスシルエット

Straight… ☐ 足が太く見えないか
Wave… ☐ 下半身が重く見えないか
Natural… ☐ ゆったりしたシルエットか

\ ここに注意すれば失敗しない！/
骨格別ありがちNGポイント

服を選ぶときに、やってしまいがちなNGポイントを骨格別に紹介。
骨格ごとのファッションの基本になる考え方なので、参考にしてください。

NG ─┤ **Straight**（ストレート）**のありがちNG** ├─

- 着太りを気にして、オーバーサイズの服を選びがち
- 上半身を目立たせたくなくて、首まわりを隠しがち

→ \ ここに気をつけて！/

- 大きいサイズはボリュームが出てしまう。**肩ラインがぴったり合うものを選んで**
- 首まわりは隠さずに、**むしろ開いて、すっきり見せるのが正解！**

NG ─┤ **Wave**（ウェーブ）**のありがちNG** ├─

- スタイリッシュに見せたくて、直線形の服を選びがち
- 足の短さが気になって、長くて大きめなボトムスを選びがち

→ \ ここに気をつけて！/

- **メリハリの効いた形を選んで**、きれいなラインを見せるのが正解
- **ひざや足首が見えるボトムス**なら、軽やかにバランスよく見せられる

NG ─┤ **Natural**（ナチュラル）**のありがちNG** ├─

- 男性っぽい部分を解消したくて肌見せ服を選びがち
- 繊細に見せたくて、やさしげで、やわらかい素材を選びがち

→ \ ここに気をつけて！/

- 肌を見せることよりも、**大きめサイズのコーデでゆったりした女性らしさを**
- **麻などの素朴な素材が一番**。モードで大人な女性らしさを引き出して

＼ 使いこなせば時短＆低コストで便利！ ／
ネット通販の買い物ポイント

自宅で簡単に服が買えるネット通販。便利な反面、実物が見られないので失敗することも…。ネット通販を楽しむために気をつけるポイントを紹介します。

サイズ表を必ずチェック！

ほとんどのネット通販では、サイズの参考になる表を掲載しています。表記はS、M、L、XLやフリーサイズが一般的ですが、アイテムごとに着丈や肩幅などを細かく書いてあるサイトも多いです。サイズガイドのページを探して、サイズを必ずチェックするようにしましょう。手持ちの服を測って、比べてみるとわかりやすいです。

サイズ表の例

サイズ	着丈	肩幅	身幅	袖丈
S	70	42	47	61.5
M	73	43	50	63
L	75	46	53.5	64.5
XL	77	47.5	55	66

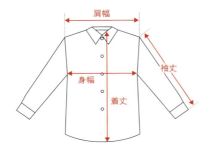

素材をチェック！

自分の肌質に合った素材の服かチェックします。なるべく素材が表記されているものを選ぶか、表記されていない場合は写真で判断できるものを探します。気をつけたいのは、白色のトップス。モデル着用画像で、肌が透けて見えるものは、意外とうす手の素材が使われています。

写真の色に注意！

ネット上の写真は、実際と違う色に見える場合があります。実物の色を想像するのは難しいかもしれませんが、一緒に写っている服やモデルをヒントにしながら、探している色に近いものを選んでみましょう。ほかの購入者の写真つきレビューなども参考になります。

試着で最終ジャッジ！

通販サイトによっては、1週間ほどの返品可能期間があります。可能な場合は、気になる服を購入してから、自宅で試着してみるのもいいでしょう。写真ではわからなかった色や素材がわかり、手持ちの服と合わせてみることができます。返品が可能かどうか、送料がかかるか、期間については、必ずサイトの規約を確認しておきましょう。

LESSON 4

【 骨格×カラータイプ 】

お悩み＆疑問を解決！

診断を活かしてアイテムを選ぶときに、ぶつかりがちなお悩みや疑問にお答えします。本当に自分が着たい、似合う服を見つけましょう。

悩み 1
似合うアイテムが好みのものではありません…。

すべて取り入れるのが難しい場合、素材だけはタイプに合わせて

どうしても似合う服が好みのデザインではない場合があります。そんなときは、素材だけ合わせるようにしましょう。例えば、ストレートタイプがかっちりしたシャツよりも甘口のブラウスを着たいとき。素材をしっかりしたコットンやシルクにすれば、甘口の形でもなじみやすくなります。

ふんわりしたブラウスが着たい

素材はそのまま、形だけを変更

全身ウェーブタイプのアイテムで

トップスはそのまま、ストレートタイプのボトムスを合わせても◯。

Wave × Summer
Wave × Summer
Wave × Summer
Straight × Winter

トップスや顔まわりは、なるべく似合うものを。ボトムスは好きなものを合わせて

似合うか似合わないかに影響が出るのは、顔まわりに近いトップスやスカーフなど。トップスだけでも自分に似合うものを選びましょう。例えば、ウェーブ×サマータイプなら、トップスは両方に似合うものを。ボトムスはタイプ違いでもOKです。

> **悩み2**
> **ストレートタイプですが、どうしてもかたい印象になってしまいます…。**

カジュアルなアイテム選びがカギ

しっかりした高級感のある素材が似合うストレートタイプ。どうしてもかためな印象のコーデになりがちです。そんなときは、カジュアルなアイテムを投入してみて。トップスはTシャツ、ボトムスはデニム地のスカート、靴はラフすぎないスニーカーなど、形と素材が合ったカジュアルアイテムを取り入れると、ほどよいリラックス感が出せます。

> **悩み3**
> **ウェーブタイプですが、コーデが甘くなりすぎてしまいます…。**

色で調整、素材やディテールを足しすぎない

ウェーブタイプは、甘い印象の服が多くなりがちです。そんなときは、色を辛口にするのが正解。グレーやベージュ、濃いめのグリーンやブルーなど、自分のパーソナルカラーから落ち着いた色を選びましょう。また、シフォン素材×フリルなど、甘い要素を足しすぎると、重たい印象になります。シフォン素材のときは、すっきりしたデザインにするなど、ディテールを足しすぎないことが重要です。

> **悩み4**
> **ナチュラルタイプですが、男っぽい雰囲気をどうにかしたいです…。**

スカートやアクセで工夫を

カジュアルな質感が似合うので、どうしても男っぽい雰囲気になりがち。ラフさは残しつつ、女性ならではのアイテムを取り入れましょう。たっぷりとしたロングスカートや、石が大きく華やかな雰囲気のアクセサリーとパンプスを合わせると、ぐっと女性らしい雰囲気に。色はやさしく明るい色を選びましょう。

LESSON 5

【 骨格タイプ別 】
苦手アイテムの似合わせテク

自分が持っている服が、タイプと合わないときの似合わせ方を紹介します。
新しい服を買えないときや、どうしても好みの服を着たいときに試してみましょう。

似合わせポイントをおさえよう！

Straight（ストレート） の似合わせテク

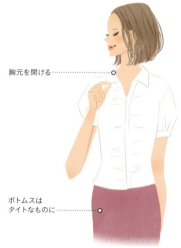

Tops ：[ふんわりブラウス]

ボリュームのあるトップスは胸元とシルエットを工夫

甘いデザインでボリューム感があるブラウス。上半身が重くならないように、胸元を開けてすっきり見せましょう。また、合わせるボトムスはタイトスカートなどにして、シルエットをIラインに近づけます。

・胸元を開ける
・ボトムスはタイトなものに

Tops ：[ざっくりニット]

ボトムスですっきりIラインを作る

ざっくりニットも人気のアイテム。ラフな雰囲気をストレートに似合わせるには、着太りを防ぐこと。ボトムスにストレートパンツを合わせると、Iラインシルエットに近づき、すっきりさせることができます。

・ラフなハイゲージニット
・ストレートパンツを合わせて

Wave の似合わせテク

……… スカーフを巻く

Tops：[かっちりシャツ]
首まわりにボリュームを足して華やかに

シャツを着るなら、首まわりに華やかさを足しましょう。シフォン素材のボリュームのあるスカーフでさみしさを軽減。

Bottoms：[ゆったりワイドパンツ]
ベルトのウエストマークでくびれを強調

ボリュームのあるボトムスは下半身が重たくなってしまいます。メリハリをつけるために、ベルトでウエストをマーク。トップスをインするのもポイント。

……… トップスをイン
……… 細めのベルト

Natural の似合わせテク

大きめの
ストーンネックレス ………

Tops：[Uネックカットソー]
鎖骨まわりをきれいにかくして

鎖骨が目立ち、骨ぼねしさが気になる深めのUネック。首元に大きいストーンを使ったネックレスを合わせ、華やかにカバーしましょう。

Bottoms：[ひざ上丈スカート]
タイツでひざ骨や筋を目立たせない

ひざ上丈のボトムスは、ひざ骨や足の筋が目立ってしまいます。厚地のタイツをはけば、足が悪目立ちせずきれいに見えます。

……… 厚手のタイツ

Natural ナチュラル

Autumn オータム
Winter ウインター
Spring スプリング

著者
二神弓子
（ふたかみ・ゆみこ）

株式会社アイシービー代表取締役社長。一般社団法人骨格診断ファッションアナリスト認定協会代表理事。国際カラーデザイン協会パーソナルスタイリスト事業企画委員長。ミスインターナショナルトレーニングディレクター。イメージコンサルタントとして20年間で約13,000人の指導実績を持つ。著書に『色の心理学をかしこく活かす方法』（河出書房新社）、『骨格診断とパーソナルカラー診断で見つける似合う服の法則』（日本文芸社、森本のり子著、二神弓子監修）などがある。

スタッフ
スタイリスト	菅沼千晶
撮影	草間智博
デザイン	村口敬太（スタジオダンク） 池口香萌（D会）
イラスト	miya、和田七瀬
モデル	澤田泉美　田村るいこ 矢原里夏（SPACECRAFT）
ヘアメイク	鎌田真理子
診断協力	上内奈緒（株式会社アイシービー）
編集協力	加藤風花　鬼頭美邦（スタジオポルト） 岡田舞子

衣装協力
arth / arth override アトレ恵比寿店　03-5475-8522
Ane Mone / サンポークリエイト　082-243-4070
ABISTE　03-3401-7124
Amazon Fashion /amazon.co.jp
artemis by DIANA / artemis by DIANA 東京ソラマチ店　03-5610-2656
&NOSTALGIA　03-6433-5918
WATERLILY LA / FASHION PEAKS　03-6452-4127
override / override 明治通り店　03-5467-0047
OLD ENGLAND / ナイツブリッジ・インターナショナル　03-5798-8113
Ottotredici / CAP　03-6438-1480
carino / モード・エ・ジャコモ　03-5730-2061
GOUT COMMUN / グランカスケードインク　03-5457-7551
KORAL / FASHION PEAKS　03-6452-4127
CONVERSE / コンバースインフォメーションセンター　0120-819-217
The Cat's Whiskers / フィルム　03-5413-4141
THE SUIT COMPANY / ザ・スーツカンパニー 銀座本店　03-3562-7637
ck Calvin Klein / マーション ジャパン カスタマーサービス　0120-356-733
GU　0120-856-453
SHEEN / カシオ計算機　03-5334-4869
JINS　0120-588-418
Sov. / フィルム　03-5413-4141
SAINT JAMES / セントジェームス 代官山店　03-3464-7123
TUSCAN'S Firenze　06-4306-3090
Daniel Wellington / ダニエル・ウェリントン 原宿店　03-3409-0306
DOUBLE STANDARD CLOTHING / フィルム　03-5413-4141
Divinique / カイタックインターナショナル　03-5722-3684
DUVETICA / F.E.N.　03-3498-1642
DOMA / FASHION PEAKS　03-6452-4127
FABIA / オットージャパン　0120-666-010
BYMITY　http://www.bymity.com
PrettyBallerinas / F.E.N.　03-3498-1642
pool studio alivier / 銀座マギー　03-3748-1212
Bailey / override 明治通り店　03-5467-0047
Bershka / ベルシュカ・ジャパン カスタマーサービス　03-6415-8086
Mashu Kashu / GSIクレオス　06-4977-6097
Meda / モード・エ・ジャコモ　03-5730-2061
MOROKO BAR / MOROKO BAR 六本木ヒルズ店　03-3470-1065
MONROW / FASHION PEAKS　03-6452-4127
YANUK / カイタックインターナショナル　03-5722-3684
上記の問合せ先にない商品はすべてスタイリスト私物

骨格診断×パーソナルカラー
本当に似合う服に出会える魔法のルール

2017年 4月10日発行　第1版
2023年 3月20日発行　第1版　第13刷

著　者	二神弓子
発行者	若松和紀
発行所	株式会社 西東社 〒113-0034　東京都文京区湯島2-3-13 https://www.seitosha.co.jp/ 電話　03-5800-3120（代）

※本書に記載のない内容のご質問や著者等の連絡先につきましては、お答えできかねます。

落丁・乱丁本は、小社「営業部」宛にご送付ください。送料小社負担にてお取り替えいたします。
本書の内容の一部あるいは全部を無断で複製（コピー・データファイル化すること）、転載（ウェブサイト・ブログ等の電子メディアも含む）することは、法律で認められた場合を除き、著作者及び出版社の権利を侵害することになります。代行業者等の第三者に依頼して本書を電子データ化することも認められておりません。

ISBN 978-4-7916-2525-3